Das Leben lohnenswert machen

Douglas Fairbanks

Writat

Diese Ausgabe erschien im Jahr 2023

ISBN: 9789359257693

Herausgegeben von
Writat
E-Mail: info@writat.com

Inhalt

VORWORT DES AUTORS

In „*Laugh and Live*" bestand mein einziger Zweck darin, unsere erste Pflicht gegenüber uns selbst hervorzuheben, die darin besteht, bei allem, was wir unternehmen, unser Bestes zu geben und aus jeder Situation, mit der wir konfrontiert werden, das Beste zu machen.

Schon in jungen Jahren habe ich inspirierende Bücher gelesen und sie gefielen mir am besten. Sie schienen mich anzulocken. Ich konnte fühlen, wie mich eine unsichtbare Hand mitzog.

Lassen Sie sich nicht täuschen, *wenn es darum geht, das Leben lohnenswert zu machen* . Es gibt keinen bestimmten Plan oder Ablauf, um seinen Titel zu untermauern. Fast alles hat mit einem solchen Thema zu tun, und das ist es, was das Buch enthält – alles im Allgemeinen – und nichts im Besonderen – nur solche Dinge, die mir in den Sinn kamen und die lohnenswert schienen

.

Wir hoffen, dass es als Nachfolger von „*Laugh and Live*" *die Erwartungen erfüllen wird* .

DF

KAPITEL I
KLEINE SANDKÖRNER

Einen Platz in der *Schaukelstuhlflotte* draußen auf der schattigen Piazza zu ergattern, ist mit Sicherheit nicht das Beste aus dem Leben.

Wir alle erinnern uns an den Satz : „ Wenn Wünsche Fische wären, hätten wir welche gebraten." Das ist die Antwort für diejenigen, die rocken und träumen und darauf hoffen, dass etwas *auftaucht* , anstatt auf eigene Faust etwas *hervorzubringen* .

Natürlich gibt es für alles eine Zeit, sogar für den heimlichen, kriechenden Schaukelstuhl – und dabei geht es um die Schlafenszeit. Nach Einschätzung eines angesehenen Neurologen gibt es kein Verbrechen gegen die Natur im Haushalt, das nicht auf diesen monströsen Zeitdieb zurückzuführen ist, der, obwohl er scheinbar unter seiner Last kreischt und stöhnt, in Wirklichkeit über seine Arbeit vor Freude schreit ärgert sich über seinen Bewohner.

Das Beste aus dem Leben herauszuholen, ist die passende Bezeichnung für diesen alten Quietscher – Erzeuger von müßiger Zufriedenheit, Tagträumen und Trägheit. Wie alles andere, was Geist und Körper an Energie zehrt, zählt es seine Opfer nach Zahlen und wirft sie in den Sand der Zeit.

– und sein Bruder John

Wenn man von Sand spricht, erinnert man den Leser vielleicht an ein bekanntes Gedicht aus Großmutters Tagen, das eine Menge wertvoller Weisheit enthält – wahrscheinlich mehr als jedes andere Gedicht dieser

Länge –, wobei seine Breite und Tiefe der Welt, in der wir leben, ebenbürtig sind live. In meiner Kindheit gefiel mir dieses Gedicht, es war kurz, prägnant und leicht zu merken. Ich war bereit, es auf Anfrage sofort und *automatisch zu rezitieren* . Damals hatte ich keine Ahnung, was es bedeutete, aber im Laufe der Jahre, die daran vergingen, habe ich darin eine Art Tatsachenfeststellung gefunden, auf der ich meine Theorie aufbauen kann, wie man das Leben lohnenswert macht . Hier ist es:

Kleine Wassertropfen, Kleine Sandkörner, Macht den mächtigen Ozean Und ein angenehmes Land.

Wer die Idee annimmt, herauszufinden, *warum* kleine Wassertropfen und kleine Sandkörner so viel bewirken, wird die größte Belohnung in Form geistiger Befriedigung erhalten – und in der Zwischenzeit werden sie beschäftigt bleiben.

Das Streben nach Wissen bringt grenzenloses Glück mit sich; eine wunderbare Befriedigung beim Aufbau einer Schatzkammer an Informationen. Es ist alles so einfach und erfordert nichts weiter als einen gesunden, forschenden Geist – und *die Begeisterung für den Sport* .

Lebensfreude ist ein großes Wort. Es hat mit *get up und git* zu tun , was am treffendsten in dem Wort *pep* zusammengefasst wurde . Faule Menschen, geistig oder körperlich, kommen selten weiter. Was sie aufnehmen, geschieht entweder zufällig oder durch *Absorption* – bei letzterem Vorgang wahrscheinlicher durch die Poren als durch das Gehirn. Es hat keinen Sinn, mit ihnen darüber zu reden, wie man das Leben lohnenswert macht .

Er bringt seinem Hund das Lächeln bei

Die größten menschlichen Besitztümer sind ein gut trainierter *Geist* , ein entsprechender *Körper* und die Liebe zum Erfolg, ohne die ein Mann vorzeitig alt wird. Danach kommt *die Energie* – der große Propeller! Was das Gehirn anweist, wird der Körper ausführen – wenn der *Propeller* funktioniert. Kein Zögern – wenn der *Wille* befiehlt, handelt der *Körper* . Sie synchronisieren sich – sie sind sozusagen aufeinander abgestimmt, harmonisch, brüderlich. Und sie zusammenzuhängen ist genauso einfach, wie nass zu werden, indem man barhäuptig im Regen steht.

Es besteht nicht die Absicht, dieses Kapitel mit Methoden und Mitteln zu überhäufen, mit denen man sein oberes Stockwerk – oder die physische Struktur darunter – in Ordnung bringen kann. Das sind Informationen für Erstleser. Wenn wir uns selbst richtig behandeln, wird sich das Gehirn verhalten und der Körper wird diesem Beispiel folgen. *Aktivität* , geistig und körperlich, ist *das Fleisch in der Kokosnuss* . Die Suche nach Wissen führt auf sonnendurchfluteten Lebenswegen, auf denen Glück im Überfluss vorhanden ist. Die Alternative ist *geistige Unbeweglichkeit* , die aus dem Nichts ins Nichts führt.

Kain tötete Abel zweifellos wegen des trägen Lebens, das er führte. Da Trägheit und Unwissenheit an der Tagesordnung waren, fehlte ihm die Ausdauer, seinen Geist zu kontrollieren. Seine körperlichen Kräfte wirkten lediglich im Einklang mit seiner Wut über Abels Popularität. Die Gier führte ihn weiter, aber wenn Kain nicht aus Mangel an *Selbstbeherrschung den Kopf verloren hätte* , wäre der Menschheit vielleicht nie ein Beispiel des Mordes vor Augen geführt worden.

Jahrhunderte sind vergangen und noch immer herrscht auf der Erde die Leidenschaft für das Töten. Um dem Einhalt zu gebieten, geht es lediglich darum, das menschliche Denken durch körperliches und geistiges Training zu korrigieren, sodass jene Vorstellungen, die eine normale, gesunde Gehirntendenz beeinträchtigen, aufhören zu existieren. Wenn das erledigt ist, werden die degenerierten Menschen, die irgendwo auf der Strecke aus Trägheit geboren wurden, in kürzester Zeit vom Erdboden verschwinden.

Neue intellektuelle Kräfte werden den Zweck erfüllen; Kräfte, die durch gesundes, richtiges Denken, energische Forschung und den daraus resultierenden Wissenserwerb aufgebaut werden.

Wie sich die Welt in ein paar Jahren entwickeln wird, hängt von den Müttern und Vätern von heute ab. Da große Prüfungen *den Charakter stärken* , scheinen die Aussichten rosig.

KAPITEL II
WÄHREND DER ZWEIG GEBOGEN IST

Das Temperament spielt im Spiel des Lebens eine große Rolle und unterliegt, wie alle anderen menschlichen Gehirntendenzen, der Regulierung durch die Ausübung des gewöhnlichen Pferdesinns. Wir hören oft, wie eine Person im Lichte einer *unheilbaren Krankheit über die temperamentvollen Eigenschaften einer anderen spricht* , und das höchstwahrscheinlich auf entschuldigende Weise. Eine fehlerhafte Tendenz wird gewöhnlich auf einer oder beiden Seiten des Hauses an die Tür eines tapferen Großvaters gelegt und dort als gewöhnliches Tischgeschwätz zurückgelassen, um jederzeit und ohne Vorankündigung wieder aufgenommen zu werden.

Wir haben alle schon einmal gehört, wie jemand einen anderen schnell mit der beiläufigen Bemerkung „ *Er ist temperamentvoll* " abgetan hat. Es hängt alles vom Tonfall der Stimme des Sprechers ab, ob seine Worte als Knockout oder als Entschuldigung für den Täter gedacht sind. Aber jedes Mal, wenn Sie das Thema weiterverfolgen möchten, werden Sie von einem verstockten alten Vorfahren hören, der die Verantwortung an seine Nachkommen weitergegeben hat.

Auch wenn wir von unseren Vorfahren sicherlich verschiedene *geistige Einstellungen geerbt haben* , gibt es nichts, was wir nicht loswerden können, wenn wir uns dazu entschließen. Es gibt nichts Fatales an den vorgefassten Meinungen, die uns überliefert werden. Mentale Kultur durch Bildung und Gemeinschaft ist der Königsweg. Wenn jemand aus Unwissenheit oder Engstirnigkeit lieber an bestimmten persönlichen oder geistigen Unverschämtheiten festhält, nur um sich als „Ableger der alten Schule" auszugeben, dann sollte die Strafe dem Verbrechen angemessen sein.

Das Temperament spielt eine große Rolle dabei, das Leben *lebenswert zu machen* , und hängt mehr von der Zeit ab, in der wir leben und mit wem wir Umgang haben, als von der Vererbung. Es ist der physische Teil, der uns wirklich vererbt wird – das *Blut in unseren Adern* und nicht die Dellen in unserem Gehirn. Von Kindesbeinen an der Skrofulose ausgesetzt zu sein, ist keine eigene Schuld, aber die Exzentrizität unter dem Vorwand eines *ererbten Temperaments fortzusetzen* , ist nur mit Unwissenheit zu entschuldigen.

Menschen erben zwar Gehirntendenzen, aber sie alle unterliegen der Kontrolle durch den Willen, etwas zu *tun oder zu lassen* , je nachdem. Angenommen, der Großvater fluchte wie ein Soldat – und das tat er wahrscheinlich auch –, dann war die Angewohnheit insofern temperamentvoll, als sie im Einklang mit der Zeit war, in der er lebte. Aber welcher Enkel von heute würde auf die Idee kommen, wegen seines ererbten Temperaments eine Befreiung zu beantragen, wenn er von der gleichen vulgären Angewohnheit abhängig ist? Andererseits, wenn wir mit *Rheuma geboren werden* Tendenzen, mit denen wir wahrscheinlich unser ganzes Leben lang zu kämpfen haben. Die eine ist eine Gehirntendenz, die *der Kontrolle unterliegt*; das andere ist ein Bluterbe, das *wir vielleicht nie korrigieren werden*.

Persönliche Denk- oder Handlungsgewohnheiten sind entsprechend der Gier, mit der wir an ihnen festhalten, temperamentvoll. George Ade hat gesagt, dass ein Mann vielleicht mit einer Haarlippe oder einem Klumpfuß geboren wird, aber *der Schnurrbart* sei seine eigene Schuld. Dadurch wurde uns die bestmögliche Grenzlinie zwischen der *ererbten Veranlagung* und dem *persönlichen Temperament gegeben*. Wenn wir also das Temperament hätten, einen Bart zu tragen, weil unser Urgroßvater einen trug, könnten wir ihn, wenn uns die Idee dazu käme, zum Friseur bringen und ihn abschneiden lassen. Nur damit wir durch den ganz einfachen Prozess, Meister unseres eigenen Geistes zu werden, von allen anderen *temperamentvollen Gewohnheiten*, *Gedanken oder Handlungen* loskommen können. Der Großvater reicht uns vielleicht eine Linie verdorbenen Blutes, mit der wir nicht klarkommen, aber das Temperament liegt in unserer Hand und wir müssen damit umgehen, wie wir wollen.

Die Kontrolle über das eigene Temperament ist unbedingt notwendig, damit sich das Leben lohnt. Wenn wir bestrebt sind, das volle Lebensglück zu erreichen, müssen wir unseren Teil zu einer endgültigen *Vernunft in der Welt beitragen*, in der das Wort „Temperament" nicht dazu dienen darf, *geistige Defizite zu verschleiern*. Das College-Leben entlastet den untrainierten Geist und sorgt dafür, dass er sich normal verhält. Auf das betonte Temperament wird dabei keine Rücksicht genommen. Die aus der lieben alten Heimat mitgebrachten albernen Ideen werden schnell in die Spreutonne gesiebt und der gesunde *Menschenverstand* kommt zum Tragen.

KAPITEL III
DIE NEUE ORDNUNG DES LEBENS

Wir sind erst dann alt, wenn wir denken, dass wir es sind – das sage ich nicht als *Beruhigung* für diejenigen, die die Halbzeit erreicht haben, sondern als Schlussfolgerung nach einigen Jahren der Beobachtung und des Umgangs mit Männern.

Ich kenne ein paar *junge Männer von sechzig Jahren* , die eine Golfprobe absolvieren, die mich in den Bann zieht. Man vergisst ihr Alter, wenn man sieht, dass sie bei jedem legitimen Sport- und Vergnügensangebot aufgeschlossen sind. Sie haben *gelernt zu leben* und *leben* .

Es gibt einen großen Wandel in den Gewohnheiten der Männer. Der Tag, an dem wir leben, ist voll von einfachen Freuden und Annehmlichkeiten, die wir nutzen können, um das Beste daraus zu machen. *Leistung* hält sie jung, und Leistung ist eher eine Frage des Managements als der Arbeitszeit. *Durch die Organisation* werden die Stunden des Arbeitstages verkürzt, sodass genügend Zeit für die Erholung bleibt, die für einen guten Appetit, einen gesunden Körper und den richtigen Schlaf erforderlich ist. Wenn dieser einfache Vorgang ein Geheimnis birgt, dann bedenken Sie, dass die Katze „aus dem Sack" ist. *Es ist deins.*

„Und ihr Name war Maud"

Wenn wir ein mageres, hungriges, heruntergekommenes Maultier sehen, das müde seine Last hinter sich herschleppt, wissen wir auf den ersten

Blick, dass es unterernährt und überarbeitet ist und *nicht die richtige Pflege erhält*
. Er arbeitet zu viele Stunden am Tag, erträgt Beschimpfungen durch seinen
Fahrer, wird mürrisch, genau wie ein Mensch, und schließlich gleichgültig
gegenüber dem, was passiert . So in die Tiefe der Verzweiflung gestürzt,
wartet er tatsächlich auf den Knall der Peitsche über seine Lenden, bevor er
dem Ruf folgt, weiterzumachen.

Aber die Zeiten ändern sich sowohl für Männer als auch für
Pantoletten. Keiner von beiden wird den Missbrauch und die
Vernachlässigung vergangener Jahre ertragen. Männer sind nicht länger die
Sklaven des *großen Chefs* . Sie haben bestimmte Arbeitszeiten, danach ist ihre
Zeit ihre eigene.

Glücklicherweise ist die Ära des anständigen Umgangs mit sich selbst
angebrochen. Die Bar ist nicht mehr der nationale Hallensport. Jede Stadt
mit etwas Selbstachtung hat sich der *Interessengemeinschaftstheorie angeschlossen* ,
dass das Leben im Freien gut für ihre Bürger ist. Das Ergebnis sind *Spielplätze*
für Kinder, *öffentliche Parks* für die ganze Familie und *Golfplätze* in der Nähe
für Männer. Er übertrifft das alte Angebot an Schaukelstühlen auf der
Veranda um vierzig Arten.

Es ist noch nicht einmal 25 Jahre her, seit das echte Outdoor-Zeitalter
angebrochen ist. Ich erinnere mich noch genau daran, wie schwer es als
zehnjähriger Junge war, nach dem Abendessen einen Begleiter großzuziehen.
Meine Eltern vertraten zu diesem Thema liberale Ansichten. Sie vertrauten
mir, wenn es darum ging, Unheil zu vermeiden, und die einzige Warnung,
die ich erhielt, war: „Gehen Sie nicht zu weit und *bleiben Sie nicht zu lange
draußen* ." Mit solch dehnbaren Anweisungen hatte ich kaum Probleme, den
Überblick zu behalten, denn meine Eltern haben mich nie streng
rechenschaftspflichtig gemacht.

Bei meinen Streifzügen fand ich jedoch die Jungs meiner Bekannten in
den Abendstunden ziemlich eingeengt vor. Die Szene kann man sich leicht
merken. Die vordere Treppe ist mit Teppichen ausgelegt; Mutter, Vater,
Schwestern, Tanten und Großmutter sitzen auf den Stufen, in der
Hängematte oder auf den Stühlen auf der Veranda. Als erster bemerkte man
Bob, Bill, Dick oder Jim, wie er am Eingangstor lehnte oder verträumt über
den Seitenzaun blickte. Aber sobald die Auseinandersetzungen auf der
Veranda an Fahrt gewannen, konnte man ihn sehen, wie er sich langsam,
Zoll für Zoll, nach hinten bewegte — ganz lässig, zwei Streikposten auf
einmal, ohne den Anschein von Eile. Wenn seine Mutter im Streit *das Wort
hatte*, kam er schnell davon und wartete im Allgemeinen darauf.

Aber der Erfolg war nicht immer der Fall. Oft stand ich ungeduldig
außer Sichtweite und gab das *Signal* , sich zu beeilen, als plötzlich ein lauter

Ruf von vorne ertönte, der Robert dazu veranlasste, sich in seinen eigenen Garten zurückzuziehen und schnell zum Ursprung des Lärms zu gehen.

„Was willst du, Mama?" er würde nachfragen – als ob er es nicht genau wüsste.

„Ich möchte, dass du hier bleibst, wo ich ein Auge auf dich haben kann. *Dann weiß ich, wo du bist.* "

Manchmal erforderte die Reparatur einer solchen Fehlstellung fast eine halbe Stunde geschickter Arbeit. Danach hatten nur noch die kühnsten Pläne eine Chance auf Erfolg, wie zum Beispiel, mit tiefem Ekel von vorne ins Haus zu gehen oder im hinteren Teil des Hauses einen Schluck Wasser zu trinken. Dann im Handumdrehen durch die Küchentür und über den hinteren Zaun.

Ein pointiertes Argument

Ein Anstoß von *der Schwester* machte diese List oft zunichte, wenn die Mutter auf das Projekt hereinzufallen schien, und das bedeutete den Verlust einer weiteren Viertelstunde, in der Bobby tatsächlich einen Schluck Wasser trank und dann auf die Veranda zurückkehrte, um sich dort zu strecken und gähnte, bis man ihm sagte, er solle lieber reingehen und zu Bett gehen. *Endlich ein Sieg* für Bob, der zeigt, dass es schon damals mehr als einen Weg gab, eine Schlacht zu gewinnen. Das Zuschlagen einer Schlafzimmertür im Obergeschoss, das für die Ohren seiner Mutter bestimmt war, ein Rutschen durch das „Regenrohr" – und über den Zaun für Bobby.

Aber was für eine wunderbare Veränderung hat sich seitdem im Bewusstsein der Eltern vollzogen. Jetzt verkündet Bob nur noch, wohin er geht – ins „Fitnessstudio", zu Bill, zum Motorbootfahren, Kanufahren, Radfahren, zu einer Wanderung im Park oder zu einem Kinobesuch. Zuhause und um zehn Uhr ins Bett.

Und was ist das Ergebnis? Zwölfjährige Jungen werden heute Offiziere in Pfadfinderkompanien. Sie tun alles, was sie *athletisch, männlich und aufmerksam macht* . Mit sechzehn Jahren verfügen sie über mehr Allgemeinwissen als zwanzigjährige Jungen vor 25 Jahren. Und ihr Geist ist sauberer, ebenso ihr Körper. Der Schulbesuch fällt ihnen leichter, obwohl die Kurse weitaus anspruchsvoller sind. Es braucht Wissen, um schon heute damit anzufangen.

Dies ist ein Zeitalter des *Elan* , und der heutige Wettbewerb bedeutet *Elan gegen Elan* . Mit der gleichen mentalen Bereitschaft wird der Mann mit der Kraft den Fehler aushalten, der seinen schwachen Konkurrenten töten würde. *Vergessen wir nicht*: Erholung, guter Appetit, ein gesunder Körper und die richtige Menge Schlaf sind positive Voraussetzungen dafür, dass sich *das Leben lohnt* .

KAPITEL IV
DIE FÜHRUNG DES INTELLEKTS

Den Intellekt zu nähren ist natürlich die faszinierendste Beschäftigung in diesem Leben und wird es wahrscheinlich auch im kommenden Leben sein. Es gibt nichts Schöneres, als den Geist aufzufüllen, die Gehirnzellen zu kitzeln und Dellen im Kleinhirn zu machen, denn dadurch wird die vollkommenste geistige *Gesundheit* und die Fähigkeit, mit Präzision zu denken, hervorgerufen.

Es ist Schikane, direkt auf den Punkt zu denken und schnell bis auf die Knochen zu analysieren. Diese Fähigkeit verleiht uns angemessenen Respekt vor uns selbst und erzwingt den Respekt aller, mit denen wir in Berührung kommen.

Die Fähigkeit zum Denken beginnt mit *ersten Erkenntnissen* , und danach müssen wir nur noch Tag für Tag, Monat für Monat und Jahr für Jahr Öl in die intellektuellen Feuer gießen, bis wir den Zustand geistiger Genügsamkeit erreichen, den man gerne „die Fülle" nennen kann davon."

vernünftigen Denkens gelangt – und wir werden auch nicht *vollständig am Leben sein* ! Auf unserem Marsch werden wir gelernt haben, mit Geduld zu forschen, verständnisvoll zuzuhören und mit Intelligenz zu kommunizieren. Dann können wir im gegenseitigen Verständnis mit den Besten von ihnen geben und nehmen. Was wir bekommen, lagern wir ein, um es bei Bedarf zu verwenden. Dann mögen wir mit unseren intellektuellen Kollegen auf der Grundlage einer *Gegenleistung kommunizieren – Pferd und Pferd – „ sogar Stephen* ".

Aber was für ein Kummer, wenn wir nicht geben können! Was für ein Gefühl des Bedauerns, wenn wir merken, dass wir intellektuell stillstehen, während wir die Prozession vorbeiziehen sehen. Unfähig zu geben, sind wir ebenso in unserer Fähigkeit zum Empfangen behindert – *wir sind* sozusagen an einen Posten gefesselt, zusammen mit anderen Arten von geringerem Verständnis.

Auf unserer Reise durch das Leben werden wir mit Sicherheit Männer mit überdurchschnittlichen Leistungen begleiten, die dank ihrer *besonderen Genialität* würdige Ziele erreicht haben, die ganz und gar gut sind – etwas, das ihnen Reichtum oder Ruhm und wahrscheinlich beides eingebracht hat –, sie aber stumm und sprachlos gemacht haben in der Gegenwart intellektueller Personen, die zur Selbstverteidigung aus Mangel an *geistiger Gemeinschaft auf sie verzichten müssen* .

Vom „ *dunklen Zeitalter* " zu sprechen, ist nur eine höfliche Anspielung auf jene Zeit, in der die Menschheit allgemein als „schwindlig" bekannt war.

Das Licht weigerte sich, auf seinen *Fingerhut voller Gehirne* zu scheinen , obwohl die Sonne der Jahrhunderte auf eine Welt unausgegorener Intellekte herabgestrahlt hatte – und noch Arbeit vor uns liegt. Aber im Lauf der Zeit und im Laufe der Zeit kamen ein paar meisterhafte Köpfe zu dem Schluss, dass ein wenig Bewegung gut für das „Nickeln" sei, und machten sich daran, zu experimentieren.

Die erste harte Arbeit, der sich unsere frühen Vorfahren widmeten, nachdem sie ein wenig Unterricht erhalten hatten, bestand darin, *ihre Lehrer zu töten* . Es vergingen viele Jahrhunderte, bis die Bildung wieder zur Förderung des Verständnisses eingesetzt wurde.

„Lächle, wenn du es sagst"

Bis zum Anbruch des neuen Zeitalters wurde dem Menschen nur beigebracht, seine Hände und Füße zum Wohle seines Magens zu benutzen – sein oberes Stockwerk wurde zu einem Lagerhaus für dunklen Aberglauben und furchterregende Vorahnungen. Es ist nicht unwahrscheinlich, dass aus dieser Zeit die spätere Bezeichnung bestimmter Personen als *Tauschädel stammt* – eine Menschenart, von der bekannt ist, dass sie *Fledermäuse im Glockenturm hat* .

Ungeachtet der scheinbaren Nutzlosigkeit vieler Jahrhunderte in Bezug auf die menschliche Intelligenz lässt sich die Tatsache nicht außer Acht lassen, dass wir endlich in einem Zeitalter angelangt sind, in dem Gehirnleistung nicht mehr als Vergehen gilt und mit Geld- und Gefängnisstrafen belegt wird. Vom Ende unseres Bürgerkriegs bis zum Ausbruch des großen weltweiten Konflikts hatte sich der Intellekt des Menschen enorm erweitert. Noch wichtiger war, dass man entdeckt hatte, dass der Intellekt ein *weltweites Gut ist* und dass er von so gewaltiger Bedeutung ist, dass das *menschliche Wissen* erstaunliche Fortschritte gemacht hat.

Schade, dass die Gehirnleistung der Welt das große Gemetzel nicht hätte verhindern können – was jedoch in diesem Stadium unserer geistigen Entwicklung unmöglich ist. Aber es kommt die Zeit – unsere Enkel werden den Tag erleben –, an dem *die Intellektualität* das Universum beherrschen wird. Gehirne und Körper von Individuen sollen für andere *Zwecke als den Krieg entwickelt werden* . Bis dieser Tag kommt , sind wir verpflichtet, so weiterzumachen wie bisher und werden mit wahrem Patriotismus *der Flagge unserer Sache folgen* .

Eines Tages, wenn unser Intellekt die Nase voll hat und eine höhere Leistungsfähigkeit erreicht hat und die Menschheit in puncto Gehirnleistung fast mit der Menschheit mithalten kann, werden Regelungen zwischen Nationen neben der Lampe der Vernunft und nicht unter dem Lichtstrahl der Kanonenmündung getroffen.

KAPITEL V
SICHERN DER FLAGGE

Loyalität ist eines dieser dreisilbigen Wörter mit einer ganz eigenen Bedeutung. Aus den Buchstaben, aus denen es besteht, können zwei weitere Wörter geschrieben werden – die Präposition *zu* ; und das Adverb *all* . *Loyalität gegenüber allen* – alles, was sich lohnt ; unser Land, unsere Häuser, unsere Regierung und die Freunde, die wir haben „und ihre Adoption versucht." Es scheint eine Schande, dieses schöne Wort in irgendeinem anderen Zusammenhang zu hören, wie zum Beispiel „loyal gegenüber der Bande" – „ loyal gegenüber seinen Verbündeten" – „loyal gegenüber dem Feind". Es ist ein zu feines Wort, als dass es in einer Weise verwendet werden könnte, die die Bedeutung des Wortes „Verräter" hätte.

Jetzt, da das Wort *Loyalität* wieder in so großem Alltagsgebrauch angekommen ist, ist es an der Zeit, es fest und fest auf die Prinzipien festzulegen, für die es steht. Warum nicht sagen: „Er steckte mit der Bande unter einer Decke" – „ falsch gegenüber seinem Wahlkreis" – „unehrlich gegenüber seinen Verbündeten"? Dann lasst uns vor unserem geistigen Auge das Wort *Loyalität* neben die *Flagge hängen* und es für alle Zeiten dort behalten.

Während ich dieses Kapitel schreibe und dabei das Thema „ *Das Leben lohnenswert machen" im Hinterkopf habe* , durchdringt ein Gefühl der Gelassenheit mein inneres Bewusstsein. Ich glaube, dass Loyalität in Amerika praktisch oberste Priorität hat. Ich glaube, dass die Fifty-Fifty-Sorte, gemessen an der Gesamtbürgerschaft, seltener geworden ist als Hühnerzähne. Nur unter den Unaufgeklärten, den Verschwenderischen, den Misanthropen und den *feindlichen Außerirdischen* werden sie überhaupt zu finden sein.

Dank der Effizienz der Regierung in schwierigen Zeiten ist die Bedeutung des Wortes Loyalität in diesem Land in den Fokus der Aufmerksamkeit gerückt. Die Flagge symbolisiert es und sie hängt überall. Wir ziehen den Hut davor, wenn wir auf der Straße an ihm vorbeikommen, und wenn wir die passenden Lieder hören, stimmen wir mit den anderen überein.

Die Flagge zu lieben ist eine *Seeleneigenschaft , und wenn die Seelen von hundert Millionen Menschen zur Unterstützung der Stars and Stripes aufbrechen, gibt es für den bloßen Zuschauer kaum noch Platz zum Stehen .*

Er ist entweder für uns oder gegen uns – das ist der Slogan, der die Reihen der Ungläubigen in unserem Land lichtet. Es lässt sie aufhorchen und auf die Wahrheit starren. Es bringt sie dazu, verwundert mit den Augen zu blinzeln, was eine erste Hilfe beim Nachdenken ist. Dadurch schauen sie sich um und vergleichen ihren Standpunkt mit dem, den das *Sternenbanner repräsentiert* .

Als sie eine Bestandsaufnahme der Situation vor Ort machten, stellten sie fest, dass dieses großartige Land für Frieden steht – nicht nur für sich selbst, sondern auch für seine Nachbarn auf der ganzen Welt. Dieser Frieden ist so wünschenswert und so wichtig, dass es sich lohnt, bis zum *letzten Mann* und bis zum *letzten Dollar dafür zu kämpfen* . Dass ohne Frieden in der Gesamtheit der Dinge, die sich lohnen, nichts von Wert ist und daher nichts anderes übrig bleibt, als zu kämpfen – *und zwar bis zum Ende* .

Gefährten

Wenn Ihr Onkel Sam die Ärmel hochkrempelt, um sich auf einen Kampf vorzubereiten , nimmt er eine Größe an, die ihn vom gewöhnlichen Kämpfer unterscheidet. Er geht methodisch vor und lässt sich ausreichend Zeit, um sich darauf vorzubereiten. Dann macht er einen Anlaufsprung in die Mitte des Rings. Danach wird dem desinteressierten Betrachter schnell klar, dass es aus reiner Diskretion weitaus besser ist, *auf der Seite von Onkel Sam zu sein, als gegen* ihn zu sein . Außerdem muss ihm klar werden, dass es das Beste ist , *mitzumachen und zu helfen* , wenn er nicht in einen richtigen Geisteszustand *versetzt werden möchte* .

Wenn hundert Millionen Menschen den Frieden so dringend wollen, dass sie dafür kämpfen, sowohl für sich selbst als auch für ihre Nachbarn, dann ist es nicht Sache von *Faulpelzen* , weder in Gedanken noch im Geiste, an der Seitenlinie zu stehen und dem Streit zuzuschauen. Menschen dieser Art gehören nicht nach Amerika.

Jeder muss seinen Teil dazu beitragen und es richtig machen. Es gibt tausende Möglichkeiten, zum Sieg beizutragen. Es gibt mehr als eine Art zu kämpfen. Am wirkungsvollsten ist es, *den Mann zu unterstützen, der es tut —* außer natürlich, wenn seine Zeit gekommen ist, muss jeder Mann, der in der Lage ist, einen Abzug zu betätigen, seinen Rucksack nehmen und seinen Platz *an der Schusslinie einnehmen* . In der Zwischenzeit liegt es *an uns allen* , auf den Anruf vorbereitet zu sein.

KAPITEL VI
Halbfertiges Wissen

Es braucht mehr als eine *Sternenhülle,* um den Weg eines Mannes zu erhellen, der sein Gehirn mit unausgegorenem Wissen vollstopft. Egal in welche Richtung er sich wendet, es liegen jede Menge Fallstricke vor ihm. Solche Menschen gehören von Natur aus zu den übermütigen Menschen, die dorthin gehen, wo die Engel sich fürchten, hinzutreten, und aufgrund ihrer Erfahrungen nichts Sicheres gewinnen. Mit der Zeit erwerben sie den Ruf, *stierköpfig zu sein* , und machen sich früher oder später ohne Ruder auf den Weg flussabwärts.

Manchmal ist der willensstarke Kerl mit fragmentarischem Wissen nicht für sein Leid verantwortlich. Jeder noch so kleine Umstand hat etwas mit seinem weiteren Weg zu tun, und wenn er zufällig „auf der falschen Seite des Mondes" geboren wird, ist sein Weg mehr oder weniger *vorherbestimmt* . Er betrachtet die Dinge durch einen Film – verschwommen und ungenau. Für ihn bedeuten Ermittlungen nichts. Sein Geist ist wie ein Sieb, das die feinen Partikel, die sich ansammeln müssen, nicht zurückhält, bis sich ein festes Fundament gebildet hat , auf dem er *einen dauerhaften Schutz für seine Denkfähigkeiten* finden kann .

Die schlimmste Phase des allzeit bereiten Ermittlers unsicherer Statistiken besteht darin, dass er normalerweise unter den Leichtgläubigen zirkuliert. Wer von uns ist es, der ihm nicht schon einmal in seiner vielfältigen Karriere an einem altmodischen *Table d'hote in einer Pension gegenübergesessen hat* ? Selbst jetzt können wir ihn sagen hören: „ *Meine Vorstellung davon ist diese!"* „Und hat es nicht Spaß gemacht, denjenigen zuzusehen, die alles in sich aufsaugen und dann mit ihrem Kaffee hinunterschlucken? Die Grünkäse-Geschichte über den Mond wäre von einigen von ihnen geschluckt worden, wenn unser *halbherziger Besserwisser* bei seiner Wahrheit beharrt hätte.

Für jemanden wie ihn wurde zweifellos Kiplings wunderbar zynischer Satz verfasst: „Leider wissen wir, dass er es nie wissen und nie verstehen konnte." Und auch für solche wie ihn war es bestimmt, dass er nie lange an einem Ort bleiben sollte. Etwas sagt ihm, dass er weitermachen soll – vielleicht das Kichern, das mitten in einer hochtrabenden Schlussrede ausbricht; ein spöttisches Schnauben über eine Beobachtung, die philosophisch sein sollte, aber weit hinter dem Ziel zurückblieb.

Es dauert zwar nicht lange, zusammenzupacken und woanders zu suchen, aber es muss eine mühsame Arbeit sein, ständig die Aufgabe zu haben, neue Freunde zu finden – *nur um sie dann zu verlieren* . Aber das ist die Strafe dafür, zur Zielscheibe des Witzbolds zu werden, den man nicht leugnen kann. Sobald er ein Opfer gefunden hat, ist es Zeit für dieses Opfer, sich zu bewegen. Der Witzbold hat kein Mitleid, und das sagt er seinem Opfer in erhabener Sprache – begleitet von anerkennenden Rufen derer, die zuhören und verstehen.

„Was für ein Mist!" sagt der König. „Ho hm!" antwortete sein Gast.

Das Ego der Unwissenheit, das aus reinem Mangel an richtigem Verständnis an seinen falschen Annahmen festhält, lädt zu Mitleid ein, das es selten erhält. Im Laufe der menschlichen Ereignisse wird der Verbreiter unausgegorener Weisheit mit einem Zweig vom Baum des Wissens aufgepfropft und so wird die Art aussterben. Dies ist, wie Shakespeare sagt, „aufrichtig zu wünschen", und obwohl man es wünscht, scheint es völlig in Ordnung zu sein, die Hoffnung zum Ausdruck zu bringen, dass diejenigen, die dieses kurze Kapitel lesen, Wert darauf legen, in bestimmten Gärten, in denen jetzt hohes Unkraut wächst, ein paar Samen zu säen , „nur aus Mangel an Rechen und Hacke." Ein wenig Sarkasmus wird den Trick wenden.

KAPITEL VII
DIE NUTZUNG DES GEHIRNS

Um das Leben wirklich lohnenswert zu machen , sollte man, wenn möglich, seinen natürlichen Neigungen folgen und sich entsprechend trainieren, andernfalls wäre Reue, egal wie erfolgreich er in *materieller Hinsicht sein mag* , unvermeidlich und würde wahrscheinlich zu einem *mürrischen Alter führen* . Es ist ein großer Fehler zu glauben, dass der Besitz von großem Reichtum Glück garantiert – und wessen Leben lohnt sich *ohne Glück* ?

Die Fähigkeiten eines guten Metzgers, Bäckers oder Kerzenmachers gingen zunichte, wenn ein Jugendlicher auf der Suche nach seinem *ersten Job durch die falsche Tür ging* . Das ist der erste Lottoschein, den wir kaufen – und den wir manchmal am teuersten bezahlen.

Die Situation ist heute besser als früher, insbesondere wenn der Jugendliche von Anfang an den Vorteil hat, zumindest eine weiterführende Schulausbildung zu haben. Insofern hat er einen *geschulten Geist* . Hätte er *das College oder eine technische Schule* abgeschlossen, wäre sein Erfolg praktisch sicher gewesen. Um durchzukommen, würde bedeuten, dass er das richtige *geistige Gleichgewicht erlangt hatte* .

Dennoch begibt sich die große Mehrheit immer noch mit kleinen pädagogischen Geräten in die Welt der Geschäfte, gerade dann, wenn ihr Geist am wenigsten darauf vorbereitet ist, was das alte Sprichwort erklärt: „ Ein *wenig Wissen ist eine gefährliche Sache* .“

Wenn also John Henry Jones, der Sohn des Hutmachers, eine Abneigung gegen den Schulbesuch zeigt, wird sein Vater mit ziemlicher Sicherheit etwas wie dieses auf ihn richten:

„Entweder zur Schule gehen oder zur Arbeit gehen. *Man kann nicht herumliegen und herumlungern.* ”

Nun kam Johns Vater auf dem falschen Fuß davon. Hin und wieder verpasste er die Chance auf ein echtes Herz-zu-Herz-Gespräch, und das zu einer Zeit, als sein Junge aus reinem Mangel an Denkvermögen seinen Verstand in einen schlechten Zustand gebracht hatte. Dann war es an der Zeit, sein Werkzeug fallen zu lassen und die Knicke im Kopf des Jungen zu glätten. Ein kleiner freundlicher Rat hätte leicht zeigen können, wie töricht es ist, ohne *Gehirnwerkzeuge,* mit denen man arbeiten kann, in die Welt hinauszugehen.

Was den Jungen betrifft, so hing seine gesamte Zukunft höchstwahrscheinlich vom Ergebnis eines Interviews im *ersten Türrahmen ab, den er betrat* . Da er nicht über ein angemessenes Maß an geistiger Ausbildung verfügte, wurde seine natürliche Tendenz im Höhepunkt seiner Karriere –

dem Beginn – zu seinem alleinigen Hüter . Sicherlich wäre es eine Frage des Glücks, wie er durchkam. Seine Zukunft lag gewissermaßen in den Händen von Fremden und einer seltsamen Umgebung.

Heutzutage werden Menschen angestellt, um eine bestimmte Nische zu füllen. Wenn sie es füllen, dürfen sie *es weiter füllen* . Es gibt kaum eine Chance, von der Arbeit aufzuschauen – und wenn der Arbeitstag zu Ende ist, gibt es kaum eine Chance, sich nach einem anderen umzusehen. Wenn also John Henry zu Beginn in einer untergeordneten Position arbeiten sollte, könnte er nie als geeignet für eine Position angesehen werden, die zu echtem Aufstieg führt. Er kam ohne Wissen und aus Mangel an Gelegenheiten erlangte er keines. Da er ein hervorragender *Kehrer* und *Staubwedel* war, blieb er dem Kehren und Staubwischen treu, bis er verzweifelt versucht, an einem anderen Ort einen Job zu finden.

Tweedle-dee – Tweedle-dum

„Aber", sagen Sie, „das Beispiel ist nicht vertrauenswürdig." Schauen Sie sich die großen Männer an, die klein angefangen haben. Sie sind jetzt das Bollwerk der Nation."

Vielleicht stimmt es, aber die Zeiten haben sich radikal geändert. Es ist der *junge Absolvent* , der jetzt gesucht wird. „Big Business" bewirbt sich lange im Voraus um die jährlichen Abschlussjahrgänge. Es braucht *geschulte Köpfe* , *um Gehirnpositionen* zu besetzen – und das ist der Grund, warum der College-Mann und die Absolventen technischer Schulen so schnell vorankommen. Sie überfahren buchstäblich die halbgebildeten, ungeschulten Arbeiter, die dasitzen und sich über ihren eigenen Mangel an Fortschritt wundern.

Es ist kein Grund zum Schmollen. Es gibt nur eins: *Daran arbeiten* . Der Ausweg ist ein spezieller Weg zu dem, wofür der Geist und das Talent am besten geeignet sind . Warum darauf warten, dass der „Blitz" uns trifft? Abendschulen gibt es in allen Bildungszweigen im Überfluss. Mancher Mann hat sich durch *Abendschularbeit in einen brillanten Anwalt, einen erfahrenen Buchhalter oder einen berühmten Redakteur verwandelt* . Fleiß und Ausdauer sind der Preis für Erfolg, und nur durch Erfolg wird das Leben für uns wirklich lohnenswert .

Ich habe viele Briefe von Jungen und jungen Männern erhalten, die „ *Lachen und leben" gelesen hatten* und in denen ich gebeten wurde, die Voraussetzungen für den Erfolg zu nennen. Auf all diese Fragen habe ich nur eine Antwort gegeben: – *Ein gesunder, reiner Körper und ein geschulter, reiner Geist.* Es gibt keine andere Antwort.

KAPITEL VIII
: ERHÖHUNG DES EGO

Eines Tages schlage ich vor, einen Roman zu schreiben!

Der Hauptgrund für diese Entschlossenheit ist die Tatsache, dass ich noch nie einen geschrieben habe. Ich weiß nicht, ob es ein „Best Goer" wird – und die Chancen stehen schlecht –, aber ich werde trotzdem mein Bestes geben. *Und ich hoffe zu gewinnen.*

Der Grund, warum ich eine fiktive Geschichte schreibe, besteht darin, dass ich dadurch meine Vorstellungskraft trainieren und so *ihre Nützlichkeit verlängern kann* . Die Vorstellungskraft ist ein Gut, das nicht durch Vernachlässigung getrübt werden darf. Es reagiert auf körperliche Betätigung genauso schnell wie die Arme und Beine.

Mentale Gymnastik ist hilfreich, ja sogar absolut notwendig, um das Obergeschoss der Gesamtstruktur wach zu halten. Sie machen aus dem Gehirn einen *spektakulären Trapezkünstler* , auf den sich alle Blicke richten, wenn es seinen Platz auf der Schwingstange einnimmt.

Die Fähigkeit, einen erfolgreichen Roman zu schreiben, wäre eine krönende Errungenschaft, da sie auf Erfahrung und Visionen angewiesen ist, um interessante Charaktere um eine angenehme Handlung herum zusammenzustellen. Liebe muss natürlich das Motiv liefern, denn Liebe ist die höchste und edelste Form der Leidenschaft – und *Leidenschaft regiert das Universum* .

Wenn wir darüber nachdenken, einen Roman zu schreiben, geben wir uns dem höchsten Anspruch hin. Die Tatsache, dass wahrscheinlich nicht einer von tausend Romanen mit einem Meisterwerk mithalten kann, sollte die Entschlossenheit, nach Möglichkeit einen Gewinner hervorzuheben, nicht bremsen. Aber das Schreiben von Romanen ist *eine Großwildjagd* , die eine Munition von beträchtlicher Kraft erfordert – und das *Ziel muss perfekt sein* .

Man sollte es zunächst mit Kleinwild versuchen und darauf achten, aus jeder Anstrengung ein Lagerfeuer zu machen, das mehrere Monate im Kühllager nicht übersteht. Echte Fiktion kann warten. Es muss nicht auf Bestellung serviert werden. Jeder Roman, der eine Generation applaudierender Leser überlebt, wird ein paar Monate durchhalten, während sein Autor den Astmesser anwendet. Sein Urteilsvermögen wird jedes Mal schärfer, wenn er darüber nachdenkt.

Wenn ich meinen Roman schreibe , werde ich keinem engen Freund gestatten, ihn vor seiner rechtmäßigen Veröffentlichung zu lesen, nachdem er von einem ruhigen und aufrichtigen professionellen Kritiker *mit scharfem*

Auge ordnungsgemäß weitergegeben wurde . Wenn einer dieser müden Menschen meine Bemühungen von der ersten bis zur letzten Seite durchwälzt und lächelnd auftaucht, ist es Zeit genug, einer schwachen Hoffnung nachzugehen. Es ist immer das Beste, wenn der Erfolg einsetzt *und* nicht als Sintflut auftritt. Es gibt uns Zeit, darüber nachzudenken, wie wir uns um den Output kümmern können. Außerdem dient es dazu, eine schlimmere Enttäuschung abzuwehren, wenn sich herausstellt, dass es sich nicht um einen *echten Schwall handelt* . Das wahre Urteil erfahren wir erst, wenn wir von der Menge hören. Keine Menge, kein Urteil nötig – *das Buch ist tot* .

Wo eins gleich zwei ist

Ich versuche nicht, einen erfolgreichen Roman zu schreiben, weil es mir an Dingen mangelt, die ich tun kann, und auch nicht aus Söldnergründen. Auch hier gibt es kein Geheimnis. Vor einigen Jahren habe ich beschlossen, *nicht einspurig* durchs Leben zu gehen . Um diesem Unglück zu entgehen , dämmerte es mir, dass ich mich für alles interessieren musste, was auch immer mir in den Weg kam. Sobald der Vorsatz zur Gewohnheit geworden war, wurde es zu einem großen Vergnügen, weiterhin nach Informationen zu suchen, aber der größte Vorteil war die Entwicklung der Entschlossenheit, *Dinge selbst zu tun* .

Die Entschlossenheit muss ständig repariert werden, sonst verfällt sie zur bloßen Besessenheit und fällt unter ihrem eigenen Gewicht. *Die Gewohnheit des Nachforschens* stärkt das Selbstvertrauen, ohne das die Entschlossenheit keine Stütze hat, mit der sie sich behaupten kann.

Untersuchen ist eine zweiseitige Aktivität der mentalen Prozesse – sie kommt geladen herein und kann geladen wieder rausgehen, wenn irgendetwas im Inneren ist, das die Bewegung erleichtert. Um diese Theorie zu beweisen, habe ich mich mit dem Schreiben von Romanen beschäftigt, und wenn mir das gelingt, ist mein Argument vorgetragen. Zumindest wird es bewiesen sein, dass der Geist ein Rückwandler ist – dass das, was er in einer Form aufnimmt, in einer anderen ausstrahlen kann. Es beweist auch , dass niemand anderes es für ihn tun kann, wenn man sein eigenes Ego nicht erhöht.

Ein Kurzurlaub

KAPITEL IX
GENIUS PLUS-INITIATIVE

Genie besteht zu zwanzig Prozent aus Ideen, zu dreißig Prozent aus Talent und zu fünfzig Prozent aus *Initiative* . Ideen sind an sich schon klein, wenn man sie auf *das Wesentliche reduziert* , aber wenn wir sie in die Tat umsetzen, verwandeln sie sich oft in etwas Großartiges.

Sogar ein Idiot mag eine Idee haben, aber es braucht *Köpfchen und Elan*, um sie umzusetzen.

Fast jeder hat schon einmal eine Idee gehabt, die sich lohnt , aber in den meisten Fällen hält man sie für gering, weil man davon ausgeht, dass ein *Genie* schon vor langer Zeit darauf gekommen wäre und sie in die Praxis umgesetzt hätte, wenn es wirklich etwas gebracht hätte. Da fehlte es an *Initiative – vielleicht auch an Talent –, aber Initiative hätte Talente von außen* herangezogen .

Das Wort Genie wurde weitgehend falsch angewendet. Viele Männer, die auf die eine oder andere Weise lediglich klug waren, wurden mit dem Etikett des Genies versehen. Aber das *wahre Genie* ist jemand, dessen Idee seinen Mitmenschen etwas an *Zeit* , *Arbeit* und *Geld erspart hat* . Wer hätte vor vierzig Jahren gedacht, dass die Flüsterbecher, in die Kinder sprachen und mit denen sie die Stimmen der anderen über eine Entfernung von fünfzehn oder hundert Fuß hören konnten, zum größten arbeitssparenden Gerät auf der ganzen Welt werden würden! Dies ist die Tatsache, seit das Telefon zu einem alltäglichen Gebrauchsgegenstand geworden ist.

Das Prinzip wurde in einem Spielzeug entdeckt – die praktische, alltägliche Anwendung als arbeitssparendes Gerät sollte kommen –, aber es kam bald. Ein Genie machte es möglich, indem es einen Sender erfand, der die Schallwellen vergrößerte, wenn er über elektrisch geladene Drähte in Schwingungen versetzt wurde. So einfach wie das Kochen von Wasser in einem Teekessel – was übrigens zur *Dampfmaschine führte* .

Dampf, Stahl und Strom! – der Spielplatz der größten Erfinder der Welt – *wo Genies im Überfluss vorhanden sind* . Hier wurden unsere Industriekapitäne, unsere sagenhaften Vermögen und unsere *Ressourcen zum Aufbau eines Imperiums geboren* . Verbunden mit diesen drei großen Prinzipien hat das *Supergenie* mit den Geheimnissen der Natur herumgetobt und gespielt, bis das Zeitalter, in dem wir leben, ein Zeitalter des *Knopfdrucks ist* – und irgendein arbeitssparendes Gerät erledigt den Rest.

Wir finden es wunderbar, im gegenwärtigen Zeitalter des Genies zu leben. Es scheint an nichts zu fehlen. Aber was für Schnecken werden wir denen erscheinen, die *in hundert Jahren* kommen . Glauben wir, dass es Arizona auch in fünfzig Jahren an Regen mangeln wird, wenn es ihn braucht?

Sicherlich wird die *Plackerei des Pferdes* in Vergessenheit geraten sein. Mr. Ford zur Rettung! Nachdem er ihn von der Straße befreit hat, wird er ganz sicher nicht zulassen, dass das Pferd weiterhin auf dem Acker schuftet. Die Lösung dieses Segens ist bereits im Gange.

Die eigentliche Zeit des Genies steht im Vordergrund. Die Strapazen der Vergangenheit sind vorbei. Das Kapital ist bereit und wartet sehnsüchtig auf die neue Idee, egal wie klein *oder groß sie auch sein mag* . Das Genie muss nur die Trägheit abschütteln, *Initiative entwickeln* und seine Talente voll ausschöpfen. Es ist kein Stolperstein in Sicht. *Der Weg ist frei* – und jede zusätzliche Einrichtung trägt wesentlich dazu bei, dass sich das Leben aller lohnt .

KAPITEL X
DIE GROSSEN VIER

Ich bin für diese knallharte Art von Männlichkeit, die unerschütterlich für den *fairen Deal einsteht und* unter keinen Umständen aufgibt. Es ist eine Sache, sich Gerechtigkeit zu wünschen – eine ganz andere, *dafür* einzustehen und zu kämpfen .

einer falschen öffentlichen Meinung entgegenzutreten . Dazu bedarf es moralischen Mutes, selbst im Kleinen, wohingegen man zum Reiten eines ruckelnden Bronchos körperliches Können erfordert, was eine ganz andere Art von Tapferkeit darstellt. Wir kennen alle Männer, die mit ihrem Gewicht gegen wilde Katzen kämpften, aber beim Anblick einer hübschen Frau wie ein verängstigtes Kaninchen davonliefen. Aufstehen und *eine Rede zu halten* wäre für sie nicht in Frage gekommen.

Ich habe von einem Fall gehört, in dem ein netter, ruhiger Bursche, der als Delegierter zu einem kleinen Bezirkskongress gewählt worden war, angewiesen wurde, im Moment einer bestimmten Nominierung aufzustehen und zu rufen: „Ich unterstütze die Nominierung!" Statt den Anweisungen zu folgen, *fiel er in Ohnmacht* . Dies begeisterte den Delegierten, der „die Schließung der Nominierungen beantragen sollte", so sehr, dass er seinen Teil vergaß, mit dem Ergebnis, dass schnell ein Oppositionskandidat vorgeschlagen wurde, den Parteitag durchführte und zu gegebener Zeit durch die Abstimmung gewählt *wurde* Menschen.

Männer wie Präsident Wilson und Theodore Roosevelt, die sich in ihrer Persönlichkeit deutlich unterscheiden, sind so rar wie Hühnerzähne. Es gibt heute unter unseren hundert und ungeraden Millionen nur zwei solcher Männer. Sie zeichnen sich durch den Mut ihrer Überzeugungen und ihre Fähigkeit aus, *die Grenzen der öffentlichen Meinung auf der ganzen Welt zu erreichen* . Lloyd George gehört in denselben Pferch.

Wenn man von Präsident Wilson spricht, ist man über seine Scharfsinnigkeit erstaunt. Er steht im direkten Gegensatz zu Roosevelt oder Lloyd George und hat kein Gegenstück, weder im Muster noch in der Geisteshaltung. Vor ihm gibt alles nach – er scheint unbeugsam zu sein .

Die Not eines solchen Mannes in dieser Stunde ist offensichtlich. Er vertritt die Rechte der Nation als Ganzes auf eine Art und Weise, dass der Einzelne ihm ohne Angst und Gewissensbisse folgt. Der Präsident scheint den Weg zu kennen, und die Ergebnisse zeugen davon. In kürzester Zeit hat er die größte Nation der Welt zu einer Kriegsbasis von solchem Ausmaß mobilisiert, dass sich ihre kriegerische Spur *über die ganze Welt erstreckt* . Da dies der erste weltumspannende Krieg in der Geschichte war, wer kann sagen, dass irgendein anderer Mann es besser gemacht hätte – *oder auch nur so gut* ?

Glücklicherweise hat dieses Land einen anderen Mann, der in Abwesenheit unseres jetzigen Führers die amerikanische Nation zum Handeln für ihre eigene Sicherheit hätte bewegen können. Man muss wohl kaum sagen, dass es sich bei diesem Mann um *Theodore Roosevelt handelt* . Seine herausragenden Leistungen in der Vergangenheit hätten ihn zum Anführer eines so großen Unternehmens erklärt, *wenn es zu einer Notlage gekommen wäre* . So wie die Dinge liegen, war sein Einfluss für die Umsetzung *einer gemeinsamen Anstrengung von enormer Bedeutung* . Seine Bereitschaft, an der Spitze einer Freiwilligendivision selbst an die Front zu gehen, hatte seinen eigenen Einfluss darauf, dass die gesamte Nation davon überzeugt war, dass *die Schlacht unsere Sache war* , und auch diejenigen, die näher an der Kampfzone lagen. Aber zumindest für den Anfang ist dies ein Krieg für junge Männer, und die vier Söhne Roosevelts, die an die Front gingen, stellen in dieser Phase der Dinge ein großes Opfer dieses großen Mannes dar.

Wenn Lloyd George ein Bürger dieser Vereinigten Staaten wäre, würde ich ihm aufgrund seiner Hartnäckigkeit einen Sitz neben dem Präsidenten *geben* . Und ich würde ihm wegen *seiner Gehirnaktivität* und *seines körperlichen Mutes* einen Blick auf Roosevelt werfen . Und einen Platz zwischen beiden für seine Fähigkeit, *die Häute der Widerspenstigen zu versengen* .

Drei große Männer – *Wilson* , *Roosevelt* , *Lloyd George* . Sie setzen sich für das ein, was richtig ist. Sie stehen in der Wertschätzung aller rechtschaffenden Bürger der Welt und sind in dieser Phase ihres Lebens unvergleichlich in der Wohltätigkeit ihres Einflusses auf die Menschheit.

Und nun zum vierten Mann auf meiner Liste: *General Joffre* ! Ihre Initiative bei der ersten Schlacht an der Marne hat die Welt vor der Katastrophe gerettet. Du hattest *eine Chance von eins zu hundert* und – du hast es gesehen und genutzt. Ihr Sieg hat der Zivilisation einen kolossalen Rückschlag erspart. Wäre Ihr geliebtes Frankreich zur Kapitulation gezwungen worden, wäre der Traum des Feindes mit dem verrückten Moloch im Sattel für viele ermüdende Jahre in die Tat umgesetzt worden.

Auf die Big Four – mögen sie noch lange leben, um die Dankbarkeit der gesamten Menschheit zu erleben!

KAPITEL XI
: ANWENDUNG DER REGEL DER VERNUNFT

Während eines meiner viertägigen Sprünge von Küste zu Küste lernte ich kürzlich einen sehr umgänglichen Herrn Anfang fünfzig kennen. Er war mir altersmäßig überlegen, da ich vor etwa zwanzig Jahren meine Periode durchgemacht hatte, während mein Vorteil vor mir lag und noch nicht beseitigt war. Er war ein kluger Mann, seine Augen waren wachsam, seine Jahre ruhten ruhig auf ihm. Ich staunte über seine körperliche Aktivität und auch über seinen *geistigen Elan* . Eine Sache, die er zu mir sagte, wird mir für den Rest meiner Tage in Erinnerung bleiben.

„Ich lasse mich von meinem *Rückblick leiten* – Sie in Ihrem Alter, von Ihrem *Weitblick* ", sagte er. Dann fuhr er mit der Erklärung fort.

In meinem Alter hatte er Ambitionen und drängte auf Dampf. Mit *vierzig Jahren* schien sein Erfolg in jeder Hinsicht gesichert, also stürmte er mit aller Kraft voran. Mit *fünfundvierzig Jahren* erlebte er eine Phase körperlicher Reaktion, die im Lichte seines derzeitigen Wissens eine Warnung war, die er jedoch nicht beachtete. Mit *siebenundvierzig* war er *körperlich* und *geistig ein Wrack* .

„Ich hatte es versäumt, mich an meine nachlassenden Kräfte anzupassen", sagte er. „Ich habe größere Verantwortung als je zuvor übernommen und war bestrebt, einen großen Erfolg abzurunden. Ich wäre fast im Grab gelandet."

Jetzt bot sich die Gelegenheit für einen echten Hinweis von einem Mann mit intellektueller Kraft, und so drängte ich ihn, die Abfolge der Ereignisse durchzugehen, die ihm zu so hervorragender Gesundheit und guter Laune verholfen hatten.

Eine umwerfend gute Geschichte

„Es hat drei Jahre gedauert, bis ich diese hässliche Zeit geistiger und körperlicher Depression überstanden habe. Den ersten Teil davon verbrachte ich damit, von einem Experten zum nächsten zu zappeln, hierhin und dorthin zu reisen und nichts an Ruhe zu finden, geschweige denn der Heilung. Dann lernte ich plötzlich einen neuen Berater kennen – *einen Lebensversicherungsmakler*!"

An diesem Punkt brach ich in Gelächter aus und er stimmte gutmütig zu.

„Ich wusste, dass du amüsiert sein würdest", sagte er. „Jeder meiner Freunde hat Witze zu diesem Thema. Dennoch", fuhr er fort, „hat mich dieser Lebensversicherungsvertreter geheilt, und seit ich ihn kennengelernt habe, habe ich keinen Löffel Medizin mehr genommen." Interessieren Sie sich für Details?" fragte er, seine Augen funkelten, seine Wangen strahlten vor Gesundheit. (Mut, lieber Leser. Dies ist nicht der Anfang des Romans, den ich schreiben möchte.)

„Bis über die Ohren", antwortete ich. „Ich interessiere mich für jede Kleinigkeit, die passiert."

„Nun, es lohnt sich", fuhr er trocken fort, „und die ‚Heilung' könnte Ihnen eines Tages gute Dienste leisten. Ich habe diesen Mann in Long Beach getroffen. Ich saß unter einem großen Schirmzelt und beobachtete die Badegäste und fühlte mich wie „*Sam Hill*", als ein hübscher, kräftiger junger Mann tropfend aus den Wellen kam und neben mir herschlenderte. Es war ein heißer Tag und als er bemerkte, dass ich viel Schatten spendete, kam er herüber und blickte gutmütig auf mich herab. Für seine robuste Gesundheit und seinen großartigen Körper hätte ich alles gegeben, was ich hatte. Ich deutete auf einen freien Platz unter meinem Zelt, was er akzeptierte.

„'Nicht krank, hoffe ich?' sagte er fragend.

"'Ach nein!' Ich platzte zurück. „Ich fühle mich wie ein junges Kätzchen." Dann starrte ich ihn wütend an. Das brachte ihn zum Lachen, und er war ein gutes Händchen darin. Ich wandte mich angewidert von ihm ab und ließ ihn sein Schlimmstes tun. Schließlich beruhigte er sich und bemerkte ganz nüchtern:

„„ *Du bist nicht krank* – dir ist nichts passiert!' Ich schreibe in einer Woche eine Police für Sie, wenn Sie meinen Anweisungen folgen. „Ich bin Lebensversicherungsmakler und ich meine, was ich sage."

„„Ich nehme dich hoch', brüllte ich als Antwort, ,und ich wette fünfhundert, dass du verlierst!' Ich war ziemlich verärgert über den Kerl.

„„Du bist dran', sagte er, ,aber ich werde deine fünfhundert nicht nehmen, wenn ich gewinne. Sagen wir es so: Wenn es Ihnen in einer Woche gut genug geht, um eine strenge körperliche Untersuchung zu bestehen, dürfen Sie dann von mir eine Versicherung über fünfzigtausend Dollar abschließen ?

„„Das werde ich, junger Mann, und Sie können Ihr *Hütchenspiel* nach Belieben beginnen. Aber ich werde keine *wissenschaftliche Arbeit oder Unsinn dulden* . Wenn du mich langweilst , werde ich es dir sagen, und das bedeutet, dass alle Wetten hinfällig sind und du deinen Weg gehst.'

„„Wir fangen jetzt an', sagte er leise, aber in seiner Stimme lag eine gewisse Zuversicht, die mich zum Staunen brachte.

„„Zuerst erzähle ich dir etwas über dich', fuhr er fort. „Du bist so ziemlich wie ein Ingenieur, der vierzig Jahre lang unfallfrei auskam, und dann ist sein Motor kaputt und beides landet auf einem Haufen im Straßengraben." „Sie waren geschäftlich erfolgreich, das würde jeder auf den ersten Blick erkennen, aber Sie haben Ihre physischen Ressourcen durcheinander gebracht." Ich nickte. Bisher hatte er Recht.

Eine einminütige Träumerei

„„Du hast schon früh mit dem Spiel begonnen, deine Geschäfte sind gewachsen, deine Verantwortung ist gewachsen, und du hast deine grauen Zellen überstunden gemacht, ohne anzuhalten, um deine Maschinen zu ölen. Mit anderen Worten: Sie haben nie gespielt, Sie haben nicht gelacht, Sie haben sich nicht auf gesellige Weise mit Menschen getroffen. Jetzt sind Sie also fast bereit für den Schrotthaufen. Habe ich recht?'

„„ Uhuh – mach weiter', sagte ich.

„„Du warst einmal kurz davor, eine gute Frau zu bitten, dich zu heiraten, aber da kam etwas dazwischen und du hast es vergessen.'

„„Ja – Sie haben Recht, Herr Gedankenleser. „Mach weiter", sagte ich, „und was auch immer du tust oder sagst, *kümmere dich nicht um meine Gefühle* ." Ich vermute, dass er den Groll in meiner Stimme bemerkte, denn er wartete einige Zeit, bevor er fortfuhr.

„Der Rest ist einfach – jeder Lebensversicherungsmakler, der sich mit seinem Geschäft auskennt, könnte die Geschichte an dieser Stelle aufgreifen und weitermachen." Er lachte gutmütig, als ich mit den Schultern zuckte.

„Sie sind ein Agent, machen Sie mit dem Fall weiter. Was ist die Antwort? Lasst uns alle schrecklichen Details hören.' Ich wurde langsam mürrisch, obwohl der Kerl mein Interesse geweckt hatte.

"'Sehr gut. Deine Geschichte ist alt, alt. Vierzig große Dinge standen vor uns – *Ihr Kreis vergrößerte sich* . Du hast dich großen Plänen hingegeben. Sie machten große Fortschritte und mit *fünfundvierzig* waren Sie ein reicher und einflussreicher Mann. Aber es gab eine Menge Multimillionäre, die einen so *groß gemacht haben* , dass man den Sprung wagte und sich ihnen annahm. Du hast die nächsten zwei Jahre keinen Gedanken an deine schwindenden körperlichen Kräfte verschwendet, und dann bist du völlig zusammengebrochen – *geistig* .'

"'Geistig! Was meinst du, wenn du *mental sagst* ? Bin ich verrückt?' Der Gedanke brachte mich zum Lachen.

„'Geistig', wiederholte er mit einem gutmütigen Lächeln. „Du bist nicht verrückt geworden – *dein Gehirn hat nachgelassen* ." Es nutzte sich ab, genau wie ein Farbband einer Schreibmaschine – *durch ständigen Gebrauch* . Seitdem denken Sie, dass Ihr Gesundheitszustand für Ihren Zustand verantwortlich ist. Nichts der gleichen. Sie sind in guter körperlicher Verfassung oder werden es sein, wenn Sie Ihre Gedanken von Ihren Beschwerden ablenken und die alten Vereinbarungen vergessen. „Komm, lass uns ein Bad nehmen", drängte er, und das erste, was ich merkte, war, dass er mich in die Salzlake mitzog.

„Um es kurz zu machen: Dieser Kerl *hat mich dazu gebracht, wie ein Junge zu lachen* und zu spielen. Wir verstießen gegen alle von Ärzten aufgestellten Gesundheitsregeln und spielten innerhalb von fünf Tagen gemeinsam Golf."

„ Also hat er doch seine Wette gewonnen", sagte ich begeistert, denn ich hatte die ganze Zeit über nach dem Agenten gesucht.

eine halbe Million statt der Summe, die er genannt hat, aufschreibt ."

„Bully für dich!" Ich antwortete. „Und ich werde mich daran erinnern, was du mir erzählt hast."

„Das ist richtig – mit *vierzig* fängt man an, sich auf die nächste Zeit einzustellen – *fünfundvierzig* . Wenn Sie dort sicher angekommen sind, beginnen Sie, sich auf *fünfzig einzustellen* . Wenn Sie noch am Leben sind, sollten Sie jahrelang weitermachen und immer im Hinterkopf behalten, dass Sie sich jedes *fünfte* Jahr neu anpassen müssen, nachdem Sie die Vierzigergrenze überschritten haben . "

Es gibt ein altes Sprichwort, dass man eine Prozenttabelle nicht täuschen kann, und genau das hat der Agent befolgt. Wenn unser Leben also lebenswert sein soll, müssen wir unbedingt die einfachen Regeln für Gesundheit und Langlebigkeit beachten. Die Kerze brennt nicht an beiden Enden ab und bleibt obendrein stehen. Mit vierzig werde ich anfangen, mich anzupassen – *ich glaube, was der Agent gesagt hat* .

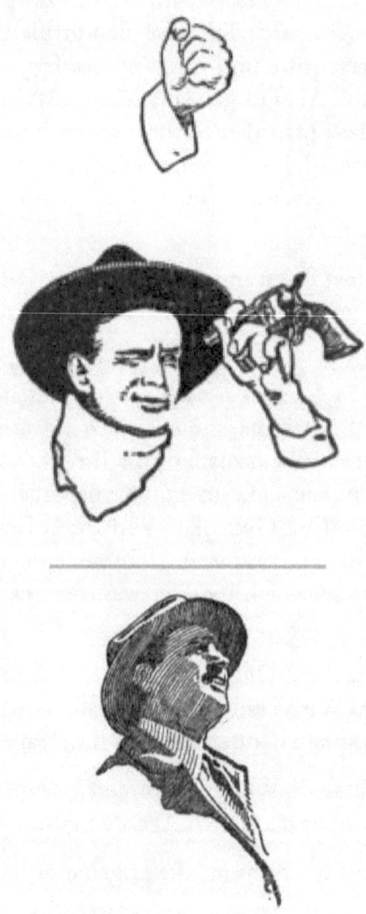

Eine Studio- Konfab

KAPITEL XII
DURCH DIE SCHWIERIGKEITEN DER STERNE

Ein Student will nicht nur sein *Schaffell haben* , wenn der große Tag kommt, sondern auch seine *Briefe* . Um seinen Abschluss zu machen, muss er zur *Gesamtheit des menschlichen Wissens beitragen* – eine mannshohe Aufgabe – wenn man bedenkt, dass das große Lager bereits überfüllt ist. Aber der Kranz ruht irgendwie leichter auf der Stirn des Lernens, wenn der Ph.D. oder Ph.B. sind sicher zwischen den Lorbeerblättern versteckt.

Nur der geschulte Geist, der sich erfolgreich an der Hochschule oder Universität durchsetzt, kann bestehende Fakten ergänzen. Der überwiegenden Mehrheit gelingt es lediglich, starke Kopfschmerzen zu entwickeln. Ihre Absichten waren gut, aber –

Es geht nicht so sehr darum, die Sache zu tun, sondern vielmehr um die *Befriedigung, sie getan zu haben* .

Meine College-Karriere wurde abgebrochen, bevor mein Streben nach herausragenden Leistungen Fuß fasste. Wenn ich etwas verpasst habe, fiel es mir damals nicht auf, aber rückblickend war es nur natürlich, dass ich es bedauerte, dass ich es nicht durchgehalten und mich nicht um die Ehre bemüht hatte.

Aber es gibt noch viele andere Möglichkeiten, das Leben lebenswert zu gestalten . *Vielseitigkeit* gewinnt heutzutage mehr „Heats" als *Originalität* . Ideen nützen dem Mann, der sie nicht umsetzen kann, wenig und sind meist zu Schnäppchenpreisen zu kaufen. *Vielseitigkeit* und *Persönlichkeit* gepaart sind zertifizierte Gewinner, bevor sie gegen bloße Originalität antreten.

Es ist nicht allen Männern gegeben, im College erfolgreich zu sein. Eines ist jedoch sicher: Was auch immer der Gewinn ist, der aus einem Versuch erwächst, *er ist sehr positiv* .

Das College-Leben an sich ist mit all seinen Freuden und Abenteuern ein starker Konkurrent des Lehrplans. Wer einen Abschluss erlangen möchte, muss unbedingt *dafür kämpfen* und darf niemals auch nur einen Augenblick vom schmalen Pfad, der zum Ziel führt, abweichen. Ebenso obliegt es ihnen, beide Augen auf einen glücklichen Stern gerichtet zu halten – *denn jedes kleine bisschen hilft* .

Irgendwo in der „Milchstraße" der Ermahnung wird er mit ziemlicher Sicherheit auf das berühmte alte Schild stoßen, auf dem so zu lesen ist:

„ Es ist nichts, wenn die Sonne scheint! Tragen Sie Ihren Teil zum Ozean des menschlichen Wissens bei – Sie können, wenn Sie wollen. "

Ich muss gestehen, dass dieser poetische Rat einen tiefen Eindruck auf mich gemacht hat. Es schien mich anzutreiben, aber nicht in dem Maße, wie *mich andere Dinge davon abhielten* . Trotzdem ist es ein guter kleiner Vers, der jedem in Erinnerung bleiben sollte. Ehrgeiz, Beharrlichkeit, niemals-das-Schiff-Festhalten – so lautet das Rezept für diejenigen, die auch nur ein Senfkorn origineller Informationen in den Garten der Weisheit säen würden.

KAPITEL XIII
ALS ANTWORT AN VIELE FREUNDE

Wie ich in meinem Vorwort dargelegt habe, ist dieses Buch nicht dazu gedacht, einem festen Plan zu folgen. Ich schreibe über Themen, die ein breites Spektrum abdecken, und viele davon wurden durch Fragen aus Briefen angeregt, die mir von freundlichen Geistern geschrieben wurden, die meine Bilderspiele mögen. Obwohl die Fakten zu meiner Theaterlaufbahn immer wieder veröffentlicht wurden, vergeht kaum ein Tag, ohne dass wir Briefe zu diesem Thema erhalten.

Die vorherrschende Meinung ist, dass ich aus einer Theaterfamilie stamme und für die Bühne ausgebildet wurde. Nichts ist weiter von der Wahrheit entfernt. Mein Vater war ein Anwalt mit einem Wissen über das Drama, wie es nur wenige Fachleute hatten. Sobald ich essen konnte, ernährte ich mich von Shakespeare. Als ich zwölf Jahre alt war , konnte ich die Hauptreden der meisten Stücke dieses Herrn aufsagen.

Mein Artikel in *Photoplay* vor einigen Monaten brachte die ganze Geschichte in wenigen Worten wieder und derselbe ist hiermit beigefügt.

Meine Schauspielausbildung wurde durch den häufigen Kontakt mit großartigen Schauspielern bereichert. Mein Vater war ein Freund von Mansfield, Edwin Booth, Stuart Robson, John Drew, Frederick Warde und anderen berühmten Schauspielern, die bei jedem Besuch in Denver seine Gäste waren.

Ich habe Herrn Mansfield einmal gefragt, wie man sich am besten auf die Bühne vorbereitet, und er sagte mir, dass es so etwas wie eine Bühnenvorbereitung nicht gäbe; aber dass es bestimmte Errungenschaften gab, die für den *großen Erfolg unerlässlich waren* . Dazu gehörten Kenntnisse im Fechten, Malen und in der französischen Sprache. Bescheidenheit schließt eine Diskussion über das Ergebnis der Befolgung dieses Ratschlags aus. Es genügt zu sagen, dass ich mich ziemlich gut mit Rapier oder Breitschwert verteidigen kann, ich kann einen Corot von einem Raphael ohne die Hilfe künstlicher Hilfsmittel unterscheiden und ich habe meinen Weg durch Frankreich geschafft, ohne verhaftet zu werden oder zu hungern.

Schriftsteller, die den Ehrgeizigen Ratschläge geben, zitieren normalerweise Erfahrungen aus ihrem eigenen Lebensbuch, aber wenn ein junger Mann in meine Fußstapfen treten würde, würde er einen ziemlich umständlichen Weg zur Bühne einschlagen und müsste einiges *zurücklegen* .

Meine Eltern waren alles andere als davon überzeugt, dass ich für die Bühne geeignet sei, und so schickte man mich an die Colorado School of Mines, um Bergbauingenieur zu werden. Aber für Infinitesimalrechnung,

Trigonometrie und dergleichen schien in meinem Kopf kein Platz zu sein. Höhere Mathematik konnte ich nie beherrschen; deshalb konnte ich nie Bergbauingenieur werden, also habe ich gekündigt.

Nun habe ich nicht den Wunsch, einer großmütigen Öffentlichkeit eine Aufzählung meiner Mängel aufzudrängen; Ich versuche nur zu zeigen, dass man in vielen Dingen scheitern kann, bevor man seine Nische im Leben findet. Sicherlich bin ich bei vielen Unternehmungen gescheitert, selbst bei meinem ersten Angriff auf die amerikanische Bühne. Der erste Angriff hinterließ dieser historischen Institution keinen Abbruch.

Wichtige Ergebnisse hingen oft von trivialen Dingen ab. Winzige Ursachen hatten *gigantische Auswirkungen* . Wenn ein bestimmter Schauspieler nicht vor zwölfeinhalb Jahren in Minnesota ins Gefängnis geschickt worden wäre, würde ich das jetzt nicht schreiben.

Wenn Sie sich mit Baseball auskennen — und die Wahrscheinlichkeit dafür liegt bei neun zu zehn —, kennen Sie die Bedeutung des Ausdrucks „die Pausen des Spiels". Bei zwei gleichstarken Baseballmannschaften wird der Sieg immer auf dem Banner der Mannschaft stehen, die „die Pausen bekommt".

Auf der Bühne oder im Geschäftsleben ist es ähnlich. Manchem guten Spieler ist das Schicksal, das ihn berühmt macht, gewissenhaft aus dem Weg gegangen, weil die „Pausen" zu seinen Ungunsten waren. Umgekehrt hat so mancher mittelmäßiger — oder noch schlechterer — Spieler alle Früchte des Sieges gekostet, weil er „die Pausen bekam", wie es auf der Raute heißt. Aber glaube nicht, dass ich mich selbst einordnen werde, denn das tue ich nicht. Geben Sie ihm einen beliebigen Namen — *sogar Bescheidenheit* .

Wo genau ich gelandet wäre, wenn nicht eine seltsame Laune des Schicksals gewesen wäre, kann natürlich niemand sagen, aber es war das Unglück eines Mitspielers, das mir die große Chance gab, die ich suchte. Vielleicht war es eher eine Indiskretion als ein Unglück. Aber was auch immer es war, das Opfer des Vorfalls befand sich an dem Tag im Gefängnis, an dem wir die Einheimischen von Duluth, Minnesota, mit einer Interpretation von „Hamlet" verwöhnen sollten.

Jetzt werde ich Ihnen nicht sagen, warum der Star nicht auftauchen konnte und ich in die Bresche sprang und unter dem tosenden Applaus der Nordmänner auf der ganzen Bühne Selbstgespräche führte ; das wäre zu konventionell. Seltsamerweise hatte ich mir nicht so hohe Ziele gesetzt. Aber ich *wollte* Laertes und meinen Kollegen spielen, nachdem ich mit einem Vergehen in Konflikt geraten war, das Gegenstand eines Kapitels des Strafgesetzbuchs von Minnesota war, und habe es an diesem Abend gespielt.

Nun, um es kurz zu machen: Ich spielte die Rolle so gut (?), dass es nur noch etwa zehn Jahre dauerte, bis ich ein Star am Broadway wurde, das ultimative Ziel aller, die sich für den Weg ins Rampenlicht entscheiden. Im Ernst, das war meine Chance und ich habe sie voll genutzt.

Die vielleicht größte Freude, die ich an meiner Arbeit für die Leinwand habe, ist der tägliche Postbeutel. Briefe kommen von überall her, nicht nur aus diesem Land, sondern auch aus so weit entfernten Orten wie Australien. Ich glaube übrigens, dass man in den Antipoden verhältnismäßig mehr Begeisterung über die Leinwand hat als hierzulande.

Eine der häufigsten Fragen, die mir gestellt wird, betrifft den Erfolg in der Leichtathletik.

Für einige von denen, die meine Arbeit auf dem Bildschirm verfolgt haben, mag es seltsam klingen, aber ich war als Sportler ein Versager. Während meines Studiums an der Colorado School of Mines habe ich mich in keinem bestimmten Sportbereich hervorgetan. Ich habe fast alles gemacht, aber die Studentenschaft hat nie Lieder über mich geschrieben oder gesungen. Ich kam im neunten Spiel gegen uns, mit drei Männern auf der Base, nie zum Stand von drei zu null und schlug den Ball über den Zaun. Ich bin noch nie mit dem Schweinsleder über das gesamte Feld gelaufen und habe den entscheidenden Touchdown erzielt, als nur noch fünfzehn Sekunden zu spielen waren.

später nach Harvard ging, war ich immer noch in der Leichtathletik aktiv, aber obwohl ich bei den meisten Spielen knapp zurechtkam, stand ich in keinem bestimmten Fall *im Rampenlicht* . Wäre ich geblieben, wäre es vielleicht anders gewesen, aber der Ruf des Rampenlichts war zu eindringlich.

Es gibt eine Regel, die jeder Sportler befolgen muss, um erfolgreich zu sein. *Sei rein in Geist und Körper.* Zunächst einmal kenne ich keinen besseren Rat.

Ich mag das Predigen nicht besonders gern, aber wenn ich es jemals zum Beruf machen würde, würde ich in erster Linie Sauberkeit predigen.

Der Junge, der in der Leichtathletik an die Spitze kommen möchte, muss ein Programm zur geistigen und körperlichen Sauberkeit befolgen.

Der vielleicht größte Feind für den sportlichen Erfolg unter jungen College-Männern ist *starker Alkoholkonsum* . Persönlich habe ich noch nie Alkohol jeglicher Art probiert.

Dafür war der Einfluss meiner Mutter verantwortlich, denn als ich acht Jahre alt war, versprach ich ihr, dass ich niemals trinken würde. Ich könnte in Klammern und ohne Vertrauensbruch sagen, dass mein Stammbaum mehrere Dekorationen enthielt, die aus ehrgeizigen Männern bestanden, die tapfer, wenn auch vergeblich, versucht hatten, den sichtbaren Alkoholvorrat zu verringern. Ich möchte mir meine Enthaltung nicht allzu sehr zu Herzen nehmen. Wirklich mehr Anerkennung gebührt einer Person, die unter ihren Einfluss geraten ist und sich herausgekämpft hat; Aber ich weiß, dass die Einhaltung meines Versprechens gegenüber meiner Mutter einen starken Einfluss auf mein Leben und meine Karriere hatte.

KAPITEL XIV
DINGE, DIE MIT GELD NICHT KAUFBAR WERDEN

Alles hängt von etwas anderem ab. Eine absolute Unabhängigkeit gibt es nicht und Andersdenkende schlafen einfach am Schalter. Von allem, was in dieser Welt angestrebt wird, steht das Glück an erster Stelle, und um sich dieses estatischen Seinszustandes sicher zu sein, wird häufig der Fehler gemacht, den Weg zu wählen, der am direktesten dorthin führen soll.

Reichtum – Wahl Nr. 1. *Der häufige Fehler* der Menschheitsfamilie.

Reichtum ist der große Zerstörer des Glücks, denn er erzeugt *Unzufriedenheit und Sorgen* . An erster Stelle steht die Sorge, Reichtum anzuhäufen, und sobald man ihn besitzt, kommt die Sorge, ihn zu behalten. Es ist nur ein Schritt von der Sorge zur Unzufriedenheit.

Aber räumen Sie den Zweifel aus Gründen der Argumentation aus und analysieren Sie den Reichtum vom Standpunkt des Besitzes aus. Jetzt, wo wir Reichtum haben, können wir weitermachen und ihn genießen. Lasst uns unser Leben zu einem elysischen Traum machen. Alles klar, los geht's.

Aber zunächst: Was ist ein *elysischer Traum* ? Antwort: Ein elysischer Traum lässt sich am schnellsten durch das Wort „*nichts*" *definieren* . Es ist eine Redewendung und nur bei poetischen Flügen nützlich – es werden keine Transfers ausgestellt. Der schillernde Traum ist die wohlklingendste Launenhaftigkeit, die man gegen Geld kaufen kann und die ein Regenbogen-Finish hat. Es verblasst bald und verschwindet aus dem Blickfeld.

Allein mit dem Grand Canyon

also schnell auf die These zurück, dass Reichtum zwar gut für den Magen und den Rücken ist, aber keine Kaufkraft für die Seele hat. Glück ist eine *Seelenqualität* – wie man es erreicht, ist ein Dilemma.

Von irdischen Dingen benötigen wir nur eine gewisse Menge; ein Überschuss nimmt die Lebensfreude. Der Jagdsport gibt es nicht mehr, wenn die Beute an den Fersen gefesselt ist. Erwartungen sind weitaus glücklicher als Erkenntnisse. Als wir danach strebten, schauten wir nach vorne und nach oben. Als wir uns voll und ganz verwöhnten, fielen unsere Augen zu Boden.

„ *Der Spaß am Geldverdienen liegt im Verdienen , mein Sohn.* " „Diese Zeile ist der Abschluss eines wilden Westernsolos, das einer der Jungen im Camp mit Banjo-Begleitung zu singen pflegte. Das ist alles, woran ich mich von dem Lied erinnere. Es kam mir komisch vor, aber auch wie die Wahrheit des Evangeliums. Nachdem man seine größten Wünsche befriedigt hat, erscheint jeder Luxus trivial und vergeblich. Vorfreude, eine Art Freude, wohnt nicht mehr im Herzen. Danach hungern wir nach dem Unerreichbaren – *Zufriedenheit* . Sehr selten ändern wir unser Verhalten, wenn wir dick und weich geworden sind – und mit Geld lässt sich nicht alles kaufen. Beachten Sie das „Wenn" im Camp-Meeting-Liedchen der alten Tante Dinah :

„Wenn der Himmel ein Ort wäre, den man mit Geld kaufen könnte,
würden die Reichen leben und die Armen würden sterben –"

Und da sind wir, blockiert mit einem mickrigen „Wenn". Es gibt Dinge,
die man mit Geld nicht kaufen kann – zum Beispiel einen *guten Schlaf*. Unser
„Sesam öffne dich" zur höheren Ebene erfolgt über die *Linie der
Selbstverleugnung*. Mit Geld kann man kein Ticket kaufen – nur der gute und
treue Diener darf durch das Drehkreuz gehen.

KAPITEL XV
DER JUNGE ÜBER DEM MEER

„Making Life Worth While" finden . Und so werden sie es auch tun, mit vielen, vielen Dank an den Mitwirkenden.

Lass die Feuer zu Hause brennen,
für unseren Jungen auf der anderen Seite des Meeres.
Dann wird er es wissen, wenn er nach Hause kommt.
Die Dinge sind so, wie er es sich erhofft hat.

Liebende Herzen sehnen sich,
eifrige Augen werden trübe,
viele sind dort niedergebeugt im Gebet –
hoffend – sehnend – rufend nach ihm.

In dieser Lyrik steckt ein wunderbares Pathos. Al Jolson konnte in einem ernsten Moment in der letzten Zeile genug gefühlvolle Melodie unterbringen, um das Publikum auf die Beine zu stellen. Und würde „ Rodey " damit nicht ein Billy-Sunday-Treffen einigermaßen klingeln lassen?

In dem zitierten Vers steckt mehr als nur Gefühl – es geht um *Pflicht* , *Loyalität* und *Treue* . Unsere Jungs haben das Recht zu erwarten, dass nichts Unangenehmes ihre Lieben während ihrer Abwesenheit stören darf und dass sie zu Hause herzlich und aufrichtig willkommen geheißen werden, was auch immer ihnen dort widerfahren mag.

Wenn jemals ein heiteres Mitgefühl, ein echter Artikel, nötig war, sollte es jetzt zur Verteilung an die Familien kommen, aus denen Ehemann, Sohn oder Bruder zur Verteidigung der Zivilisation hervorgegangen sind. Man muss sich nicht davor fürchten, einer Frau, Mutter, einem Vater oder anderen Verwandten eines amerikanischen Soldaten ein von Herzen kommendes Interesse zu zeigen. Für sie ist es eine Erleichterung, ihre Hoffnungen und Ängste mit freundlichen Nachbarn zu teilen. Sie sind mutig wie nie zuvor. Sie werden durch den Geist des Mannes *gestärkt , der durch genau das Tor, an das Sie sich lehnen, in den Krieg zog, während sie erzählen, was sie wissen.*

Eine sehr liebe Mutter, deren Aussehen viel zu jung war, um auf die Idee zu kommen, einen Sohn an die Front zu schicken, erzählte mir unter Tränen, dass er zwei in einem einzigen Gefecht zu Fall gebracht habe, *aber* leider gezwungen sei, auf feindlichem Boden zu landen und wurde gefangen genommen.

„Ich hoffe, dass sie ihn nicht verhungern lassen", sagte sie süß, „und ihn auch nicht grausam behandeln. Er selbst ist so sanft und freundlich. Ich glaube, dass sie gut zu ihm sein werden."

„ Natürlich werden sie das", sagte ich, verband meine Hoffnung mit ihrer eigenen und wünschte mir von ganzem Herzen, dass ich wirklich an ihrem Glauben teilhaben könnte. Dann verwandelte sich ihr wehmütiger Blick in einen Ausdruck zuversichtlicher Erwartung. Ich hatte ihren *Hoffnungsschatz* gestärkt und ließ sie herzhaft lachen über meine Prophezeiung, dass ihr Junge wahrscheinlich „ *eines Nachts seinen Wachmann entführen und ihn zurück ins Lager reiten* " würde.

Es besteht kein Zweifel daran, dass sie das Feuer zu Hause am Brennen hält, und auch nicht an dem starken Herzen in ihr , das „ *nach ihm hofft, sich sehnt und nach ihm ruft* ".

KAPITEL XVI
ÜBERLEGEN – ÜBERLEGENHEIT – SUPER

Das Wort „*Super*" taucht jeden Tag in der Woche in den Zeitungen auf. Die *übermenschliche Anstrengung, die nötig war, um die Dinge auf dem Weg zum endgültigen Triumph* voranzutreiben, erforderte genau solche ausdrucksstarken Begriffe. Es ist ein letztes Wort der Inspiration – groß, effektiv – *darüber hinaus* – und es passt genau zu der Aufgabe, mit der wir beschäftigt sind, vom Super-Schreckensschiff bis zum Super-Überfluss an Willenskraft, Hauptkraft und dem Ziel, *dorthin zu gelangen* .

Als unsere Jungs hinübergingen und sich neben ihren vom Krieg gezeichneten Verbündeten aufstellten, änderte sich die ganze Situation. Der *Elan* und *die Schnelligkeit* , die sie mit sich brachten, verbannten den schwindenden Geist völlig, der jedoch immer noch einen unerbittlichen und übermächtigen Feind in Schach hielt. Kein Stärkungsmittel bringt so neue Energie hervor wie der *Auftritt eines Freundes* , der ruhig seinen Platz an unserer Seite einnimmt.

Nur zu sagen, dass die Jungen in Khaki die Herzen ihrer Kameraden dort erobert haben, ist unzureichend. Sie haben *einen Pakt besiegelt* , der den geordneten Lauf der ganzen Welt für ein Jahrhundert bestimmen soll. Ihre Einführung war nicht von der Art „Platz machen für die erobernden Helden". Nichts dergleichen, sondern eher die Mode derer , *die zu spät kommen* und stillschweigend die für sie reservierten Plätze einnehmen.

Einmal in den Reihen angekommen, war Kameradschaft eine Selbstverständlichkeit. Niemand konnte der amerikanischen Gutmütigkeit standhalten. Es besteht keine Chance, dass diese neuen Soldaten, die sich an die Seite der Veteranen stellen, auf Tribünenspiele zurückgreifen. Es würde kein Rennen um die Medaille geben. Wenn es käme, schön und gut, aber die anstehende Aufgabe wäre die erste Überlegung – und in dieser Hinsicht sind die Männer der alliierten Armeen und Marinen *gut aufgestellt* .

Meiner Meinung nach sind die alltäglichen Sportarten der englischsprachigen Rassen *ein galantes Abenteuer* . Sie sind nicht mutiger, aber vielleicht robuster und agiler als ihre lateinamerikanischen Mitstreiter, da sie das ganze Jahr über Freizeitaktivitäten im Freien betreiben. Baseball, Golf, Hockey, Polo, Motorbootfahren, Rudern, Skifahren, Fußball, Hundereiten und vieles mehr, bis hin zum Murmelspiel, das für den kleinen Jungen schließlich ein Outdoor-Training ist.

Nehmen wir zum Beispiel Fußball. Würden jedes Jahr Ehrenmedaillen für *gewagte körperliche Betätigung und Tapferkeit* auf den „Grillrosten" Amerikas, Englands, Kanadas und Australiens verliehen , wäre selbst die *Fabrik für das*

Eiserne Kreuz des Kaisers nicht in der Lage, die Nachfrage zu decken. Mit anderen Worten: Sport an der frischen Luft fördert die geistige und körperliche *Wachheit* . In dieser Hinsicht unterscheiden sie sich von der Arbeit des Bodens, der zwar hart und muskelaufbauend ist, aber durch mangelnde Wettbewerbsfähigkeit und *ein Ziel vor Augen,* für das man arbeiten kann, inspirierend ist.

Es ist schön, dort über unsere Jungs zu lesen. Sie haben ihren Teil der großen Aufgabe ohne Luxus oder pompöses Auftreten in die Hand genommen. Sie haben keine Eifersüchteleien geweckt, kein Herzbrennen durch Wettbewerbsambitionen – *sie gehen dorthin, wo sie hingeschickt werden* . Ihre angeborene Initiative spornt sie zu Taten an, die zu Siegen führen, die sie am wenigsten erwartet haben. Es gehört nicht zu ihren Dispositionen, „alle zu holen", um Ehrungen zu erhalten. Sie werden den Kredit ihrer Waffenbrüder eher geben als nehmen. Der alte Vorwurf *amerikanischer Prahlerei* wird auf den Schlachtfeldern Frankreichs wie von selbst niedergehen. Hervorragend zu sein ist eine amerikanische Eigenschaft, nicht weniger und nicht mehr als die ihrer Brüder auf dem Gebiet der Aktion. Einer der Segen, der nach dem großen Gemetzel sicherlich folgen wird, wird die allgemeine Einsicht sein, dass jeder alliierte Soldat *seine Pflicht wie ein Mann erfüllt hat* .

Seit ich dieses Kapitel geschrieben habe, bin ich auf einen Leitartikel im New York *Evening Telegram gestoßen* , der meine Theorie genau bestätigt. Es lautet wie folgt:

„Amerikanische Soldaten und Seeleute haben die Herzen Englands und Frankreichs erobert. „Ich mag ihren Scharfsinn", sagte ein schmerzgeplagter britischer Sergeant durch seine Bandagen hindurch. „Für dich und deine Jungs, die zum ersten Mal in den Hades eintauchen und dabei einen klaren Kopf behalten können, ist es gut, bei jedem noch so kleinen Ereignis frisch und lebendig zu sein." Sie können sicher sein, dass sie es weit bringen werden.""

In Hamel, wo die Amerikaner mit den Australiern einmarschierten, standen Lucien, Arry , Paul, Tony, Pat und Izzy Seite an Seite und halfen einander loyal. Der Oberbefehlshaber der Anzacs, Generalleutnant Sir John Monash, ist Jude. Über unseren Jägern schwebte ein Flieger aus Fort Wayne, Indiana; einer aus New York und einer aus Nogales, Arizona.

Mit Sicherheit, wie Kipling sang: –

„Denn es gibt weder Ost noch West,
keine Grenze, keine Rasse, noch Geburt,
wenn zwei starke Männer einander gegenüberstehen.
Obwohl sie vom Ende der Welt kamen."

„Im Einklang mit dem Unendlichen“

KAPITEL XVII
WENN DIE JUNGEN NACH HAUSE KOMMEN

Mächtige Mächte sind heute in der Welt am Werk. In den Tiefen unserer Natur finden gewaltige Veränderungen statt. Wir geben uns nicht mit der alten Ordnung zufrieden, die unsere *wohlhabenden Jahre hinter sich gelassen hat* . Der große Holocaust des Krieges hat unsere Sinne ernüchtert und wir ziehen eine Bestandsaufnahme der Vergangenheit mit besonderem Bezug auf die Zukunft – die nahe Zukunft, auf die wir hoffen.

Wir denken an den Tag, an dem die Jungs *nach Hause kommen,* und haben vor, bis zu ihrer Ankunft einiges aufzuräumen. Wir glauben, dass sie unsere Arbeit gutheißen werden, und wenn sie es nicht tun, können wir der Situation genauso gut ins Auge sehen – sie werden auf eigene Faust einige Aufräumarbeiten durchführen. *Sie werden den Job zu Ende bringen.*

Das Gebot der Stunde ist *Veränderung* . Es gibt alte, abgenutzte Etiketten, die durch neue ersetzt werden müssen, insbesondere eines, das nicht mehr nützlich ist und den Titel „ *die inhärenten Rechte des Menschen* " trägt . Es muss überarbeitet werden. Seine Satzung muss überarbeitet und nach modernen Maßstäben neu gefasst werden, damit *Freiheit* nicht mit *Zügellosigkeit verwechselt wird* und niemand Immunität in der Annahme beansprucht, dass *er tun kann, was er will, weil dies ein freies Land ist* .

Wenn die Jungs nach Hause kommen , werden sie um eine Abrechnung bitten. Sie werden mehr als nur einen Blick auf unsere Verantwortung werfen wollen. Wo hängen die *Faulenzer* herum? Das werden sie uns fragen. Und sie werden nach den Kneipen, Höhlen und *Diebessportarten fragen* , die in den Tagen vor *der großen Wende mutig zur Schau gestellt wurden* .

Viele der Jungs kommen nicht nach Hause. Sie werden dort drüben schlafen, aber die große Mehrheit wird zurückkehren und es werden muskulöse Männer sein – *entschlossen und mutig* . Sie werden sofort anfangen, Fragen zu stellen, die einige von uns zusammenzucken lassen, und sie werden auf wahrheitsgemäßen Antworten bestehen. „ *Was ist mit den Profiteuren?* "Sie werden darauf bestehen, alles über diese Kerle zu wissen." Sie werden sie aufspüren und sie zwingen, ihre unrechtmäßig erworbenen Gewinne herauszugeben – Gewinne, die den Familien dieser Männer abgenommen wurden, die die Meere überquerten, um die Welt von solch einer *Piratenmannschaft zu befreien* .

Und was ist mit *Alkohol* – haben wir diesem Verkehr den letzten Schliff verpasst? Wenn es für Soldaten nicht gut zum *Kämpfen wäre* , wie könnte es im *zivilen Leben nützlich sein* ? Das sind Fragen, die wir beantworten müssen, wenn die Jungs nach Hause kommen, und es sieht so aus, als könnten wir *dank der Regierung ein gutes Bild von uns abgeben* .

Die Dinge ändern sich – vieles hat sich bereits geändert. Die großen, entscheidenden Prüfungen für unser nationales Gewissen spitzen sich zu. Unsere Regierung ist *weitsichtig* und wachsam. Es gibt immer noch Missbräuche, aber die Augen fähiger Männer sind auf sie gerichtet. Von einer Regierung, die in der Lage ist, im Namen unserer *wertvollsten Rechte Millionen von Männern unter besten Bedingungen in fremde Länder zu schicken* , muss man nicht erwarten, dass sie sich der Aufgabe hingibt, die Dinge zu Hause in Ordnung zu bringen, während sie weg sind. Die ganze Welt soll sicher und sauber gemacht werden, *auch die USA.*

KAPITEL XVIII
REGENERATION

Als der große Krieg über eine ahnungslose Bruderschaft von Mitmenschen ausbrach, befanden wir uns als Nation, ausgehend von Wohlstand und Maßlosigkeit, gefährlich am Rande einer Katastrophe. Nur im Licht der Ereignisse und einem Blick zurück auf den Abgrund, der sich vor uns aufgetan hatte, können wir uns nun einer gewissen Art von feierlichem Trost hingeben. Zumindest wurden wir vor einem schlimmeren Schicksal bewahrt, einem Schicksal, bei dem die Glocken auf den Zehenspitzen hängen – unser *nationaler Intellekt* war im Schwinden begriffen; ebenso unser *nationales Gewissen* . Aber wir waren nicht allein – alle Nationen waren betroffen, unsere nicht mehr als die anderen, aber wir waren die jüngeren und wohlhabenderen.

Regeneration oder Degeneration? Das war die wichtigste Frage im öffentlichen Bewusstsein, als der König von Berlin seine Heerscharen der Entartung losließ und damit die geistige Leistungsfähigkeit der zivilisierten Menschheit wieder zur Besinnung brachte. Und mit ihm kam die Muskelkraft.

Wenn jetzt *Gehirn und Muskeln* zusammenpassen, ist die Gefahr, im Sumpf stecken zu bleiben, nahezu ausgeschlossen. Männer, die schmutzig geworden waren, während sie große Vermögen angehäuft hatten, und passiv zusahen, wie ihre Familien die Schneise abschnitten, auf die ihnen Reichtum und Stellung scheinbar Anspruch zu machen schienen, sprangen mit einem *neuen Leuchten* in ihren Augen auf, während Männer gerade an der Schwelle zum Erfolg standen standen voller Ehrfurcht vor Konsequenzen, die außerhalb ihrer Kontrolle lagen. Aber das Wichtigste, was geschehen sollte, war, dass die Welt ihr Gesicht dem großen Eindringling zuwandte und sich damit dem tödlichen Abgrund zuwandte, in den Millionen *durch die bloße Menschenmenge von hinten* gestürzt wären .

Wir waren der modernen Tendenz gefolgt und waren auf der Suche nach dem Irrlicht namens *Vergnügen bis an die Grenzen gegangen* , das wir nie ganz gefunden hatten. Wir hätten es fast geschafft oder dachten, dass wir es ganz sicher tun würden, aber als wir uns auf den Fersen befanden, hörten wir den Klang einer *Kriegstrompete* und blieben abrupt stehen!

Das schwächste Glied in der Kette der *Selbstbefriedigung* war zerbrochen – der Kriegsherr und seine Heerscharen waren völlig verrückt geworden! Jetzt war es für die Kohorten des Wahnsinns an der Zeit, Rache an den freudesuchenden, friedliebenden Menschen der Welt zu üben. Wir, die am Rande einer anderen Art von Falle standen – *zu viel Opulenz* – *hielten voller*

Ehrfurcht und Entsetzen inne, um die entgegenkommenden Horden zu betrachten . Und genau hier begann *die Regeneration der Menschheit* .

Niemand, der die größte Katastrophe der Welt seit der Flut im größeren Rahmen betrachtet, wird zögern zu glauben, dass es sich dabei selbst bis ins schrecklichste Detail um die Verwirklichung eines *großen Plans handelt* . Der Welt ging es nach der Flut viel besser, denn als das Wasser zurückging, stellte man fest, dass die Täler durch die Abschwemmungen von den Berghängen und Hügeln bereichert worden waren. Eine neue Jungfräulichkeit war in den Boden eingedrungen, deren zukünftiger Wert für die Menschheit völlig unberechenbar war.

Und so wird dieses gewaltige Blutvergießen in der Endabrechnung längst Licht auf seine wahre Bedeutung geworfen haben. Heute beurteilen wir es aufgrund seiner Schrecken, seiner scheinbaren Nutzlosigkeit und *der Verderbnis, die seine Spur* durch unsere eigenen Vorgärten zieht. Aber wir haben alle vom *Pilzwachstum gehört* , das das Wachstum von Pflanzen und Bäumen beeinträchtigt; und *Parasiten* , die die Körner des Feldes zerstören und so eine Hungersnot über die Bevölkerung bringen. Im vorliegenden Fall haben die Tentakel des großen Oktopus der Entartung den Staatskörper so erstickt, dass eine halbe Welt dazu verdammt zu sein scheint, zu sterben, damit die andere Hälfte im Dienste des großen Plans des Universums leben kann. In der Zwischenzeit *lohnt sich kein Leben* , das nicht an dem gigantischen Kampf teilnimmt, der immer weitergehen muss, bis, um es mit den Worten unseres Führers zu sagen, „ *die Welt für die Demokratie sicher gemacht ist* ".

www.ingramcontent.com/pod-product-compliance
Lightning Source LLC
LaVergne TN
LVHW041754190726
843493LV00008B/2611